Découvrez l'histoire par les archives de presse

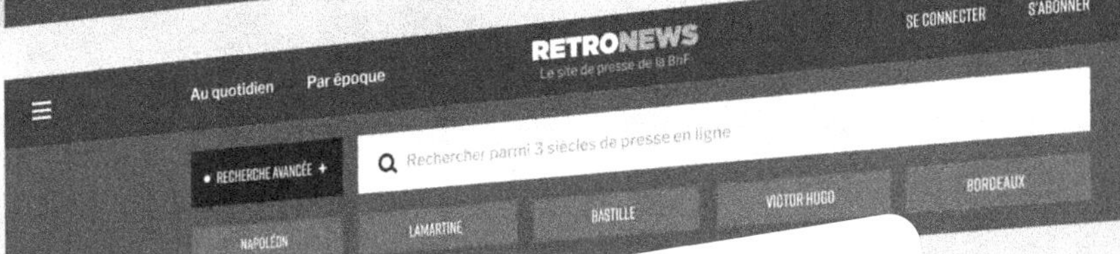

RETRONEWS
Le site de presse de la BnF

www.retronews.fr

M. Palet

ANNUAIRE

DE L'ARRONDISSEMENT

DE FALAISE,

PUBLIÉ

PAR L'ASSOCIATION

POUR LE PROGRÈS DE L'AGRICULTURE, DE L'INDUSTRIE
ET DE L'INSTRUCTION

DANS CET ARRONDISSEMENT.

Première Année.

FALAISE,

IMPRIMERIE DE BRÉE L'AÎNÉ.

Se vend aussi chez GUESNON, libraire,
rue d'Argentan.

1836.

ANNUAIRE

DE L'ARRONDISSEMENT

DE FALAISE.

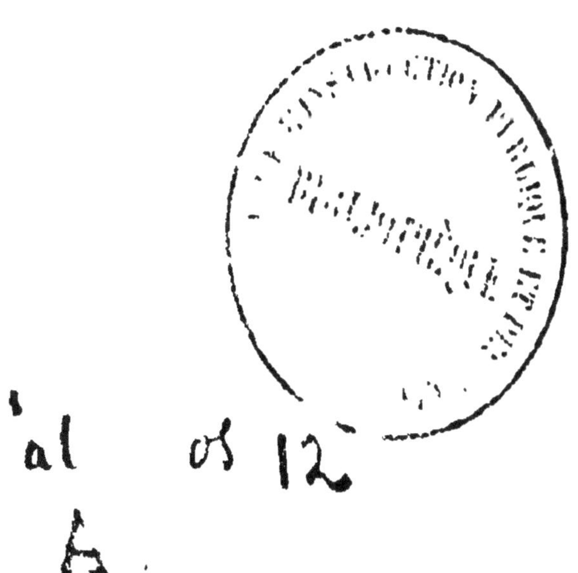

ANNUAIRE

DE L'ARRONDISSEMENT

DE FALAISE,

PUBLIÉ

PAR L'ASSOCIATION

POUR LE PROGRÈS DE L'AGRICULTURE, DE L'INDUSTRIE
ET DE L'INSTRUCTION

DANS CET ARRONDISSEMENT.

Première Année.

FALAISE,
IMPRIMERIE DE BRÉE L'AÎNÉ.

1836.

L'Association pour le progrès de l'agriculture,
de l'industrie et de l'instruction dans l'arrondissement de Falaise, est l'œuvre de quelques bons
citoyens qui adressèrent, le 24 août 1834, à
M. le sous-préfet et à M. le maire de Falaise un
exposé de l'organisation qu'ils desiraient donner
à cette institution. Le 7 décembre suivant, elle
fut definitivement constituee, à l'hôtel-de-ville
de Falaise, par 65 associés presidés par M Briquet, maire. L'article 8 des *Statuts* qui furent
adoptés dans cette séance, porte :

« L'Association publiera un *Annuaire*, au com-
« mencement de chaque année, sur tout ce qui
« peut offrir de l'interet dans l'arrondissement. »

C'est cet article des *Statuts* que l'on essaie de
mettre à exécution, pour la première fois, au
commencement de 1836. L'essai ne répondra
peut-etre pas en tout à l'idee que l'on a pu se former d'un tel ouvrage ; mais on y reconnaîtra du
moins une tendance au progrès, ou plutôt une
pensée dominante, celle de signaler tout ce qui
est une amelioration, un perfectionnement. Partout on a cherche à rendre justice aux hommes
utiles et à les remercier au nom du pays du bien
qu'ils lui ont fait. Il faut que leur nom devienne
populaire parmi leurs concitoyens. C'est la meil-
leure récompense qu'ils puissent obtenir de leurs
travaux.

La rédaction de l'Annuaire de 1836 a été confiée à une commission composée de MM. Galeron, redacteur principal ; Alphonse de Brébisson et Heuze, pour la section d'agriculture ; Lebaillif et Racine, pour la section d'industrie ; Ch. Morel et Travers, pour la section d'instruction.

L'Association s'est composée, pendant sa première année, de 140 membres. Le conseil a été ainsi formé pour cette première année :

Présidens honoraires, MM. Collombel, sous-préfet, et Briquet, maire de Falaise.

Président, M. Lemeneur-Doray.

Vice-président, M. Lebaillif, fils.

Secrétaire, M. Galeron.

Vice-Secrétaire, M. Forget.

Trésorier, M. Jardin-Letourneur.

Membres représentans la section d'agriculture.

MM. Belcour.
    Noblet.
    Lebrethon.
    Sereuil.
    Fleury.

Membres représentans la section d'industrie.

MM. Gautier-Lamare.
    Davois-Gontier.
    Racine.
    Charpentier.
    Boscher-Moulin.

Membres représentans la section d'instruction.

MM. Travers.
    Renault.
    Choisy.
    Ch. Morel.
    Grachard.

L'Association, selon l'article onze de ses Statuts,
à donné des récompenses aux agriculteurs, industriels, instituteurs et autres hommes utiles qu'elle
en a jugés dignes. Voici les noms de ceux qui les ont
obtenues:

SECTION D'AGRICULTURE.

Médaille d'argent. M. Lecellier, père, cultivateur à
St.-Germain-Langot.

Medailles de bronze. MM. Noblet, père, cultivateur
au Camp-de-foire, à Guibray, et Lebrethon, père,
cultivateur, à Cintheaux.

Mentions honorables. M. Huet, pépiniériste et cultivateur, à Ussy, et Grusse, Alexandre, cultivateur, à
Tournebû.

Récompenses sur la caisse d'épargnes. MM. Jean-
Jacques, berger, à St.-Germain-Langot, et Bricon,
Jacques Charles François, domestique de ferme, à
St-Omer.

SECTION D'INDUSTRIE.

Médaille d'argent. M. Lebaillif, fils, filateur, à Falaise.

Médailles de bronze. MM. Morel-Boulay, fabricant
de bonnets, à Guibray, et Jouve, mécanicien, à
Guibray.

Mentions honorables. MM Lepainteur-Mathurin, fabricant de retors, à Falaise, et Moisson, Paul, fabricant d huile, à Fresne-le-Puceux.

Récompenses sur la caisse d'épargnes. MM. Day, aîné,
ouvrier bonnetier, a Guibray, et Tremblot, père,
ouvrier bonnetier, à Guibray.

SECTION D'INSTRUCTION.

Médaille d'argent. M. St.-Ange Plet, directeur de
l'école mutuelle, à Falaise.

Medailles de bronze. MM. Laverge, instituteur, à
Morteaux, et Jucquin, instituteur, a Versainville.

Mentions honorables. MM. Gauthier, directeur de
l'école mutuelle, à Harcourt, et Vallaunay, instituteur, à Ouilly-le-Tesson.

PREMIÈRE PARTIE.

Agriculture.

L'AGRICULTURE est en progrès parmi nous depuis quelques annees. Les esprits de nos cultivateurs se dirigent vers les ameliorations, vers les innovations, et la crise passagère où les place la surabondance de certains produits, doit avoir pour effet de les amener a chercher de plus en plus, dans de nouvelles cultures, des ressources qui compensent pour eux la dépreciation des anciennes. Ainsi les ceréales, le blé et l'orge surtout, sont devenus à vil prix par la très-grande quantité que l'on est parvenu à en tirer de nos campagnes depuis trois ou quatre ans. Si le cultivateur s'obstinait à en demander à-peu-près exclusivement à la terre, comme il le fait encore sur beaucoup de points, il arriverait de là que l'encombrement devenant de plus en plus grand pour ces sortes de productions, leur valeur tomberait encore au-dessous de ce qu'elle est devenue ; et, malgré nos riches moissons, nous finirions par succomber et par abandonner un genre d'industrie qui causerait notre ruine. Mais la réflexion vient à notre aide pour nous sauver. Ne trouvant plus le debouché de nos blés, nous sentons que cela tient à ce que l'on en prod it trop. Alors nous sommes amenés à essayer d'autres récoltes qui soient mo us dépréciées. Les grains nous manquant, nous nou. tournons vers les fourrages, vers les racines, vers les plantes oleagineuses. Au lieu de labourer et de cultiver en blé la moitié de notre domaine, nous n'en cultivons plus qu'un tiers ou même un quart de la sorte, et nous employons le terrain que nous lui retirons à des plantations de trèfle, de sainfoin, de betteraves, de carottes, de colza. Avec les trèfles, avec les sainfoins nous élevons de bons chevaux qui nous manquaient, nous entretenons nos vaches toujours en pleine nourriture, nous avons de bons troupeaux de moutons qui donnent des laines recherchees et de très-bonne viande ; nos betteraves, nos carottes, nos navets, nos choux de Suède fournissent nos etables pendant les hivers, doublent les produits de nos bestiaux dans ces saisons si ingrates, et nous assurent ainsi des ressources pour les ménages, et des engrais abondans pour les prochaines saisons. Les colzas se vendant à volonté et à un prix soutenu, nous aident à payer le loyer de la ferme, quand le jour de l'écheance arrive et que les autres produits s'écoulent difficilement.

Que l'on compare avec nous une ferme où l'on ne récolte que le blé, l'orge, l'avoine, avec celle où les assolemens sont mélangés, où l'on cultive à la fois les fourrages et les grains divers. Dans la première, les enormes granges regorgent de pailles sèches, les cours sont remplies de hautes meules qui s'elèvent jusqu'aux toits, on entend la batterie mécaniqne et le van monotone qui préparent sans cesse le grain qui sera con luit à la halle. Mais l'étable est vide ou mal peuplée, le cheval qui traîne la charrue est faiblement nourri, un maigre troupeau de moutons parcourt des lieues de guérets sans trouver à satisfaire à tous ses besoins, la cuisine est mal fournie de laitage, la *mallière* s'affaisse et se dessèche. Dans cette ferme au contraire, où tous les produits sont également répartis sur le sol, les granges sont moins vastes mais les bergeries sont multipliées, les vacheries sont plus spacieuses, les bestiaux de tout genre remplissent les cours et les champs ; le laboureur est fier du cheval qui le conduit au marché, du harnais qui traîne les énormes charettes de fumier dont il va couvrir sa terre. Les animaux étant plus nombreux, le tableau intérieur est plus animé. Les travaux, ne se faisant plus tous en même temps, dans ces jours de la moisson si tumultueux, on les exécute avec plus d'ordre, plus d'ensemble. Si le blé vient à manquer une année, on trouve à se retirer sur le bétail, sur la plante oléagineuse, on ne court jamais le danger d'une ruine complète. Aujourd'hui le blé est à bas prix, mais les chevaux se vendent bien, mais les laines se soutiennent ; on a donc toujours une ressource qui soutient au milieu de la crise. Voilà comment raisonne un bon cultivateur.

Dans cette contrée, jusqu'en ces derniers temps, on n'avait guère songé à ces combinaisons qui seules peuvent assurer l'avenir de l'agriculture. Si le grain était très-abondant, le laboureur s'en affligeait comme d'une calamité ; si le grain manquait, il s'en réjouissait et spéculait sur la faim du consommateur pour lui vendre à poids d'or sa médiocre moisson. Sous ce rapport, le mode de culture de nos pères était immoral en même temps que funeste aux populations. L'imprévoyance et l'ignorance semblaient s'entendre pour nous livrer sans ressource à toutes les misères qu'une saison contraire traînait à sa suite. Grâce au ciel nous avons enfin su entrer dans une autre voie ; nous sommes parvenus à comprendre que l'homme peut tirer de la terre plus d'un genre de produits propres à le nourrir. Nous ne sommes pas encore arrivés à un haut degré de perfection dans ces nouveaux modes de culture ; mais nos premiers pas sont de nature à nous donner bon espoir et à nous encourager. Dans ce petit recueil, nous nous attacherons à signaler surtout les efforts tentés pour introduire les produits nouveaux dans nos champs ; nous ferons connaître les hommes les plus hardis et les plus expérimentés en ce genre. L'estime et la reconnaissance publiques leurs sont dues ; nous leur en paierons le tribut autant qu'il dépendra de nous.

FERME DE SAINTE-ANNE.

A l'un des revers des Monts-d'Eraines, vers l'Orient, on voit une petite ferme qui a été le berceau de l'agriculture nouvelle dans nos contrées. La un propriétaire riche et intelligent introduisit, il y a quinze ans environ, une foule d'instrumens nouveaux dont il avait étudié l'usage chez nos voisins. Il couvrit ses champs de produits de tout genre ; on vit chez lui la pomme de terre cultivée en grand ; les rutabaga, les turneps furent essayés pour la nourriture des bestiaux divers ; les petits vallons, les coteaux se couvrirent de riches gazons ; toute cette terre enfin si aride, si improductive jusque-là, offrit le tableau le plus frais, le plus animé. Les vieillards routiniers, les ignorans de tous les âges se recrièrent contre cette innovation. On entendit dire de tous côtés que l'argent seul produisait cette abondance factice, que le propriétaire ne se ruinerait peut-être pas, parce qu'il avait une immense fortune, mais qu'il se lasserait bientôt de faire de tels essais à ses depens. Les années se sont écoulées, et M. de Vauquelin (car c'est ce vieux nom historique du pays que porte le novateur), M. de Vauquelin, loin de se fatiguer, a conservé le même zèle pour la propagation des cultures nouvelles, la même foi dans ses theories ; en voulez-vous la preuve ? M. de Vauquelin, qui nourrit des bestiaux à l'étable, qui veut qu'en tous temps ils aient des fourrages verts, s'est occupé de rechercher les plantes les plus propres à braver chez nous les hivers. Allez près de la ferme, en cette rude saison (janvier 1836), il vous montrera un chou de forme elancée, à la feuille dechiquetee et élegante, qui res. o a tous les froids, qui se récolte en toutes les saisons. Il en donnera devant vous à son frais bétail, il vous en offrira de la graine, il vous indiquera le mode de la cultiver. Il y en a parmi vous qui hesiteront, qui ne se rendront pas d'abord ; mais qua d vous aurez vu ces beaux choux pendant plusieurs

saisons, vous finirez par en essayer, par les adopter.
C'est ce qui est arrivé pour tout le reste dans les
campagnes d'alentour. La culture de St.-Anne, après
avoir été critiquée, a été petit a petit essayée, intro-
duite dans le canton. Voyez, à la grande ferme de
Bernières : M. Duperron, jeune fermier, a tout-à-
coup adopté les théories de St.-Anne, et même de
plus hardies. M. Duperron récolte la carotte, le colza,
les feverolles ; il avait cette année des champs énormes
de pommes de terre. M. de Vicques cultivait aussi
les carottes en grand. Sous un autre versan de la
montagne, un habitant de Falaise, M. Robine, a essayé avec succes la grosse betterave, la carotte, le
navet, le colza et même la moutarde blanche. En
même temps l'usage des assolemens mêlés de fourrages s'est multiplié sur tous les bords de la Dive ;
le plus petit laboureur tente, sur un coin de champ,
ce qu'il voit si bien réussir à ses riches voisins. Voilà
le progrès qui est le fruit de l'exemple donné par un'
esprit plus avancé que ce qui l'entoure. M de Vauquelin a bien merité des agriculteurs actuels ; procla-
mons-le ; rendons justice à qui elle appartient.

FERME D'IFS-SUR-LAISON.

Un autre propriétaire qui a voyagé pendant long-
temps, M. Belcour, s'est fait aussi agriculteur. En
trois ans, il a fait produire à ses champs des recoltes
triples de celles qu'on avait vues. Puis il a multiplié
les prairies artificielles ; puis il a introduit la betterave et le colza dans ses assolemens. Les betteraves
obtenues par M. Belcour ne sont point de chétives
racines ; ce sont de monstreuses racines de 12, 15
et 20 livres pesant. Dans un etroit terrain, dans 5
ares, il en a récolté 23 forts tombereaux ; il en nourrit
ses vaches qui donnent, au milieu de l'hiver, un beurre
jaune ayant presque aussi bon goût que le beurre d'éte.
(Voir page 60 des *Bulletins de l'Association*). Aussi
l'exemple de M. Belcour est-il adopté avec empres-

sement. Jusque dans la ville même, un vieux prati-
cien, M. Noblet, se fait ecolier à 80 ans pour essayer
la betterave; il en obtient de fort bons produits, et
se promet bien de léguer cette nouvelle culture ,
comme une richesse de plus, à ses successeurs.

FERME D'AUBIGNY.

Avant M. de Vauquelin, avant M. Belcour, on es-
sayait en petit, chez M. d'Aubigny, les divers fourrages et les plantes à racines et à tubercules. La pomme
de terre, la betterave-disette, le turneps, le rutabaga ,
le topinambour ont tous, depuis long-temps, une
petite place dans la ferme d'Aubigny. Le topinambour
n'est pas assez connu. Il se reproduit seul et fournit
de bons tubercules pour le mouton en même temps
que ses tiges longues et serrées sont données en vert.
Cultivateurs qui possédez des bergeries, ayez un coin
d'enclos en topinambours; demandez à M. Busnel,
jardinier d'Aubigny, le parti que vous en pouvez
tirer.

COLZA.

Le préjugé qui rejetait le colza des assolemens a été
bien grand. On pretendait qu'il ruinait la terre; on
interdisait par les baux d'en cultiver même pour essai.
On est revenu de cette prévention aujourd'hui et le
colza se voit partout chez nous, dans la plaine comme
dans le bocage; M. Paul Moisson, M. Lebrethon, vers
Cintheaux, M. Huet, à Ussy, M. Porcher, M. Piquen-
tin, a Tassilly, M. Lecellier, à St.-Germain-Langot ,
M. Marguerit-Lamare, à Vaton, M. Renault, à Croisilles, M. Grusse, à Caumont, et une foule d'autres
en tirent d'excellens produits. Le colza veut être
soigné; il lui faut des engrais et une terre bien pré-
parée; il est délicat aussi aux hivers; mais quand il
reussit, comme il récompense le cultivateur! combien
d'entre eux ont payé leurs maîtres depuis quatre ans
avec leurs levées de colza ! S'ils n'avaient eu que le
blé, ils etaient perdus.

MOUTONS

MM de Polignac ont introduit dans le canton de Bretteville-sur-Laise, de nombreux troupeaux de mérinos qui ont contribué à améliorer la culture de ces campagnes. Il a fallu beaucoup de fourrages pour nourrir ces troupeaux. Alors les champs de blé ont fait place à des champs de sainfoin et de trèfle; les engrais en même temps se sont multipliés; enfin les laines ont gagné en finesse et en qualité. Les moutons, comme le colza, ont soutenu notre agriculture dans une partie de cette arrondissement. « Ce sont eux qui « ont sauvé plusieurs fermiers d'un naufrage dans « leur fortune, dit M. Lecellier, et peut-être nous le « premier. » M. de Polignac a près de 7,000 moutons encore dans un rayon de deux à trois lieues autour de Gouvix.

PÉPINIÈRES.

Laissons un moment les produits annuels de nos champs, jetons un coup d'œil sur les plants d'arbres qui se sont formés parmi nous dans ces dernières années. M. de Dampierre est à signaler le premier entre nos pépiniéristes. Du marais de Bray, infécond, inaccessible pendant une partie de l'année, il a fait un bocage charmant, couvert d'arbres de toutes les grandeurs, de toutes les variétés. M. de Dampierre a d'abord donné un écoulement aux eaux qui jusqu'à lui avaient stagné; puis il a tourné le sol, mettant en dessus ce qui était enfoui à plusieurs pieds et enfouissant ce qui etait à la surface. Il a semé ensuite des plants indigènes et exotiques, de cent espèces différentes, et tout a réussi. Les produits de ce sol si misérable ont été recherchés, ont été expédiés vers Paris et tous nos départemens. L'industrie s'est étendue ensuite par l'exemple; des habitations se sont assises aux bords des eaux; des familles, d'abord affamées, aujourd'hui aisées, s'y sont établies. L'intelligence d'un homme a amené ce résultat: M. de Dampierre est aussi un des bienfaiteurs du pays.

A Ussy les cultivateurs ont eu moins d'obstacles à vaincre, mais ils ont fait aussi d'utiles travaux. M. Huet, MM. Jouvin ont multiplié les plants forestiers, les plants d'arbres verts, et rien n'est plus estimé au loin que leurs plants de deux à trois ans. M. Huet fait des envois dans tous les environs de Paris. Ses confrères et lui occupent 30 acres en prairies et n'expédient pas annuellement moins de cinq millions de jeune plant et de 40,000 tiges de grands arbres forestiers. Ces travaux occupent trente familles ou 100 personnes environ.

MELONS.

Toutes les améliorations doivent être signalées. M. Noget, curé d'Aubigny, a introduit chez nous la culture du melon en pleine terre, sans cloche ni couche. Un petit livre qu'il a donné a prouvé que la théorie et la pratique marchaient ensemble chez lui. Sa théorie a été comprise, sa pratique s'est répandue, et, cette année, dans un jardin de la ville, (celui de M. Lemeneur, président de l'*Association*) on a pu voir 240 pieds de beaux melons, sans cloches, sans couches, donner, malgré la chaleur et la sécheresse, de fort beaux fruits qui étaient en même temps de bonne qualité. La culture du melon n'est pas de nécessité première. Multipliée a l'excès, elle pourrait même être fâcheuse. Mais, dans une juste proportion, elle a pour avantages de nous soustraire au tribut que nous payons aux departemens voisins et de nous donner, a meilleur compte, des fruits plus sains et plus frais. La culture du melon a d'ailleurs perfectionné celle du potiron, de la citrouille, utiles aux ménages pendant l'hiver. Nous en avons vu de très-beaux cette année chez M. Noget et chez M. Lemeneur.

PARC D'OUTRELAISE.

Il faut dire aussi un mot des établissemens de luxe, quand ils se rattachent par quelque chose à un but utile. Sous ce rapport, le beau parc d'Outrelaise, creé par M. de Chambors et M. de Polignac, doit nous arrêter un instant. M. de Chambors a fait un jardin de grand-seigneur, mais où de beaux arbres étrangers et indigènes offrent une riche végétation, et où l'on pourra étudier ce qui convient, en arbres verts, à notre sol, et ce qui n'y réussit point ou du moins n'y réussit qu'avec peine. La verdure des gazons semble avoir été aussi mélangée de quelques touffes nouvelles qui pourront s'acclimater chez nous. Enfin ce petit lieu de délices est le rendez-vous, pendant plusieurs mois, d'un grand nombre de journaliers qui y gagnent tranquillement le salaire qui doit nourrir leur famille. Sans doute il est des esprits sévères qui pourraient souhaiter que ce sol servît à un usage plus général , plus profitable à tous; mais l'homme qui fait un bon emploi de la fortune qu'il a reçue, comme M. de Chambors, est bien en droit de donner à ses plaisirs quelques arpens de terre que l'on retrouvera toujours après lui. N'oublions pas, d'ailleurs, que c'est à la porte du parc et dans son enceinte même qu'est établi le lavoir et le grand dépôt de laines des 7,000 mérinos de son gendre, M. de Polignac. L'agréable et l'utile s'unissent donc ici. Outrelaise est aujourd'hui le plus beau lieu de l'arrondissement de Falaise, et peut-être même de tout le Calvados.

DEUXIÈME PARTIE.

—

Industrie.

Pour prospérer, l'industrie est comme l'agriculture, elle doit faire des essais continuels, elle doit marcher en avant. Rester dans la routine, être stationnaire, pour elle c'est décliner, c'est mourir. Il y a bientôt un demi-siècle, les populations de ce pays avaient une industrie florissante : elles filaient le coton à la main, et des bras sans nombre y étaient occupés tant dans la ville que dans les alentours. Les Anglais ayant inventé les mécaniques à filer, nos pères pouvaient se sauver en adoptant ces machines qui du moins eussent conservé chez eux la filature des cotons, bien qu'en y employant moins de bras. Mais nos pères étaient peu instruits, ils refusèrent d'admettre les mécaniques nouvelles, et bientôt ne pouvant plus soutenir la concurrence du dehors avec leurs cotons filés à la main, ils virent leur industrie leur échapper tout-à-fait, et ils furent ruinés. Vingt ans de misère pour eux ont été la suite de cette imprudence. Nous, leurs enfans, nous travaillons depuis vingt autres années bientôt à réparer le mal qu'ils nous ont fait ; mais que d efforts il nous a fallu pour arriver où nous en sommes ! que d'efforts il nous faut encore pour atteindre au but de prospérités où l'on pretend qu'ils étaient jadis ! Nous y parviendrons cependant, mais à une condition : c'est que nous se-

yons toujours en haleine pour suivre les progrès que
l'art ne cessera de faire ; c'est que nous ne négligerons
aucun sacrifice pour établir chez nous les instrumens
nouveaux qui nous aideront à soutenir la concurrence
avec le dehors. Ainsi, quand les mécaniques a la main
ont été simplifiées et mues par la force du cheval,
nous avons dû adopter ces améliorations et filer nos
cotons au moyen de manéges. Puis, quand sont venus
les tournans mus par l'eau, et enfin par un procédé
bien plus sûr, par la vapeur, alors sous peine de
succomber, il a fallu que nous fissions l'application
de la vapeur à nos filatures. Les industriels, dans
des sociétés avancées comme la nôtre, ne doivent
plus être, ne peuvent plus être des espèces de ma-
nœuvres suivant l'impulsion qu'ils ont reçue, sans
s'occuper de la donner eux-mêmes à leur tour ; nos industriels doivent être des hommes avancés, des hom.
mes connaissant tout, au courant de tout ; ils doivent
être sans cesse sur la brèche pour ne laisser passer
aucun ennemi sans le signaler. Leurs ennemis seraient
les inventions nouvelles qu'ils ne sauraient pas saisir
au passage pour se les approprier. Ce qui vient d'être
dit des filatures à coton s'applique aux autres fabriques. Celui qui fait un bonnet de coton dans une
heure, sur son vieux métier, quelque habile qu'il soit,
sera bientôt laissé en arrière par celui qui, avec un
métier plus large, parviendra à faire, à l'heure, un
bonnet et demi ; et celui-la à son tour devra ceder le
terrain à la jeune fille, et je dirais presque à l'enfant
qui, au moyen d'un métier rond, leger, portatif,
sans complication, parviendra à faire deux bonnets
au moins, a l'heure, sans se fatiguer. Le fabricant
qui ne suivrait pas ces progrès de l'art, qui garderait
son premier ouvrier sur son vieux métier, dans une
crise pareille, serait bientôt annihilé, ruiné. Le secret
de l'industrie est donc de perfectionner sans cesse. Ce
secret, on commence à le bien connaître enfin et à
le pratiquer chez nous. Le bon sens de notre géne-

ration, l'expérience acquise aux dépens de celle qui l'a dévancée, les lumières d'un petit nombre d'hommes d'élite, les essais tentés avec succès sous leur inspiration, voilà quel est pour nous aujourd'hui la garantie de l'avenir. L'année qui vient de se passer a été sous ce rapport la plus sensible en progrès et par conséquent la plus digne d'être étudiée, d'être signalée jusqu'ici. C'est ce que nous allons faire en notant tout ce qui nous a paru digne d'éloge ou d'encouragement.

MACHINES A VAPEUR.

La sécheresse des deux dernières années avait presque arrêté nos filatures à coton ; elles ne travaillaient plus que la nuit et ne suffisaient point aux besoins de la fabrique. Un filateur que l'on a toujours vu depuis 12 ans au niveau de tous les perfectionnemens, M. Lebaillif, fils, a senti que cette suspension des travaux d'une ville entière, par suite d'un accident naturel, était une de ces calamités qu'il fallait arrêter, et il a eu recours a l'emploi de la vapeur pour faire mouvoir ses usines, quand l'eau viendrait à leur manquer. Il a fait son premier essai à sa filature de St.-Laurent et il a très-bien réussi. Encouragé par ce succès, il a appliqué une seconde machine à sa filature du Moulin-Elie, et avant la fin de l'année, ces deux établissemens marchaient régulièrement, sans rien redouter désormais des saisons contraires. Les autres filateurs se sont émus de cet exemple, et déjà l'un d'eux, M. Lagniel-Carel, a acquis et monte une 3e. machine qui sera prochainement aussi en mouvement. L'impulsion est donnée et rien ne l'arrêtera plus. Dans les abondantes eaux, notre ruisseau sera encore utile à nos filateurs ; dans les sécheresses d'été et d'automne, elles seront suppléées par la vapeur que l'on sait déjà employer en mesure proportionnelle des besoins qu'on en peut avoir. Les filatures marchant sans cesse, les fabricans de bonnets y trouveront en tout temps les cotons filés qu'il leur faut pour leurs ateliers. Dès lors ils cesseront d'être tributaires des villes de Rouen et de Condé où ils allaient chercher les alimens des fabriques. Béni soit celui qui nous a amene le bienfait de la vapeur !

MÉTIERS LONGS A BONNETS.

On se souvient de la petite révolution qui éclata à Guibray en mai 1831 Un de nos mécaniciens, M. Jouve avait fait pour M. Guillemin-Dudouit, et pour quelques autres, deux ou trois métiers plus longs, ou plus larges si l'on veut, que les anciens, et sur ces métiers l'on fabriquait des bonnets qui n'avaient de couture que d'un côté. L'ouvrier, encore ignorant, s'émut ; il crut ou il parut croire que ce procede allait diminuer pour lui la masse du travail, et en conséquence, il fit un petit mouvement qui semblait annoncer l'intention de detruire violemment les nouveaux métiers. Ce n'étaient pas de ces tentatives que l'administration put laisser impunément mettre à exécution. La garde nationale, protectrice de l'ordre, et la justice, dont la répression n'est jamais plus efficace que quand elle se montre instantanément, intervinrent ensemble aussitôt et comprimèrent les turbulens. Après deux jours le calme se rétablit, les ouvriers retournèrent à leur ouvrage, et les possesseurs des nouveaux métiers purent en user sans trouble et même avec l'assurance de l'assistance la plus énergique. Qu'arriva-t il après ce mouvement ? c'est que les esprits examinèrent de sang-froid les métiers qu'ils avaient voulu détruire ; ils s'apercurent que ces métiers étaient mieux conditionnes que les anciens, qu'ils faisaient d'excellent travail, et que l'ouvrier, en les employant, pouvait gagner un tiers ou un quart de plus qu'avec les autres. Dès-lors on rechercha es métiers longs autant qu'on les avait repousses Ils sont maintenant dans tous les ateliers. L'année dernière, en a encore vu augmenter le nombre d'une manière sensible. La fabrique y a gagné de faire façonner une bien plus grande quantité de produits, et de soutenir plus aisément avec le midi une concurrence qui commençait à lui devenir dangereuse, celle de Poitiers.

MÉTIERS RONDS A BONNETS.

Mais les métiers longs à leur tour, après trois à quatre ans de vogue, se voient menacés d'être supplantés par d'autres métiers plus simples et plus économiques à la fois. Depuis plus de deux ans, on sait que M Boscher-Moulin a introduit dans son atelier un metier rond, apporté par lui de Poitiers, et au moyen duquel il fabrique des bonnets à la pièce et sans couture, qui sont recherchés au-dehors. On a respecté quelque temps le mystère dont M. Boscher-Moulin a enveloppé son operation. Mais bientôt on s'est dit que la decouverte dont il fait usage, si elle est bonne, ne doit point être renfermée chez lui. On lui a fait, pour la produire, un appel auquel il n'a pas répondu. Alors ou a cherché à connaître sans lui ce mécanisme; on a voyagé pour se mettre sur sa trace, et quatre ou cinq mecaniciens et fabricans, à la fois, en ont apporté et présenté dans nos réunions. Ces métiers ronds ne sont point parfaits; ils fonctionnent même jusqu'ici assez difficilement; mais on étudie leur organisation, on s'occupe activement de les perfectionner. Ou y parviendra infailliblement bientôt, car nos hommes les plus intelligens y appliquent leurs facultés. M. Lebaillif y travaille, lui qui n'a échoué encore dans rien; M. Jouve a fait trois voyages de Paris pour consulter les maîtres de l'art. Les métiers ronds se montreront à nous au premier jour avec toutes les conditions qui doivent assurer à notre fabrique la supériorité sur celles des villes rivales. Ne nous arrêtons point dans la voie où nous sommes; pas plus d'égoïsme que de mollesse. Cette révolution qui se prépare peut doubler les produits de notre industrie et etendre par conséquent notre richesse et notre importance.

MÉTIERS RONDS A CAMISOLES.

En cherchant un métier rond à bonnets, MM. Morel-Boulay et Racine en ont trouvé un propre à tisser la laine et avec lequel on peut fabriquer un jupon ou une camisole d'une seule pièce et sans déplacement. Mais il s'agit, dans cette circonstance, d'une industrie toute nouvelle à introduire chez nous, et l'on sent que cela ne se pouvait exécuter en un moment et sans s'être assuré d'avance de tous les moyens de succès. Aussi MM. Morel et Racine, après avoir mis leur machine en mouvement, après l'avoir exposée en public, l'ont-ils prudemment retirée dans leurs ateliers, s'occupant silencieusement de tout préparer pour assurer un jour au pays cette utile fabrication. Applaudissons à leur premier effort, et faisons des vœux pour que le succès réponde à leur zèle. L'empressement qu'ils ont mis à publier les premiers résultats de leur decouverte est digne dejà de tous nos éloges.

FABRICATION DES BAS.

Une industrie isolée peut manquer d'un jour à l'autre, et toute population qui a quelque prévoyance doit développer son travail sur une base assez large pour qu'un revers imprévu ne puisse la ruiner et détruire sa position. Ainsi la fabrication des bonnets de coton a été, depuis quinze ans, pour ainsi dire, exclusive dans Falaise et dans ses environs, et comme elle a prospéré, un grand nombre de fabricans se sont élevés et nous sommes arrivés aujourd'hui au point de la plus grande extension que cette industrie ait encore eue; mais il peut arriver tel événement, telle découverte qui lui porte tout-à-coup une atteinte funeste; et que deviendraient alors nos cinquante maisons de fabriques et nos 6,000 ouvriers, s'ils n'avaient sous la main une autre branche toute prête à être exploitée et à détourner un affreux revers. Plusieurs de nos fabricans ont senti cette position, et se sont essayés depuis deux ou trois ans,

notamment pendant l'année dernière, à introduire
dans leurs ateliers la fabrication des bas de coton.
Les essais n'ont pas tous été remarquables, mais il en
est qui ont bien réussi, entre autres MM. Boscher-
Moulin, Lardières, Gondon-Dudonit, etc. Avec de la
persévérance, on peut prevoir que cette industrie ne
tardera pas à s'acclimater chez nous et à multiplier
nos ressources. On a aussi tenté la fabrication des
chaussettes dans un ou deux ateliers. Nous ne pouvons trop encourager ces innovations ni trop exciter
les ouvriers à se prêter à tout ce que l'on réclamera
d'eux en ce genre. Ils assurent ainsi à la fois leur
avenir et celui de leurs enfans. Quelques-uns de ces
fabricans font déjà des expéditions considérables de
bas de Falaise, vers Paris et ses environs.

SCIERIE DE M. CRESPIN.

Voulant surtout signaler tout ce qui est un progrès
et un effort vers le mieux, nous n'omettrons point
de dire un mot sur l'établissement d'une scierie, à
Guibray, par les soins de M. Crespin, pour tailler
et pour réduire en larges et régulières tablettes, les
blocs de la belle pierre calcaire de St.-Pierre et d'Aubigny. On sait que cette pierre est très-recherchée
au loin pour le carrelage des appartemens, et qu'elle
sert entre autre à former de très-beaux devants de
feu pour nos cheminées normandes. La grande diffi-
culté jusqu'ici avait été de la tailler avec précision,
en même temps qu'avec économie. On se servait de
la scie mue à bras par deux ouvriers, mais les frais
étaient très-considérables, en raison des efforts et du
temps qu'ils y employaient. M. Crespin a eu l'idée
d'appliquer la mécanique à ce travail, et nous avons
vu chez lui, depuis six mois, un manége de deux
chevaux faisant marcher 20 scies parallèles, qui tail-
lent à la fois 20 tablettes de 3 à 4 pieds de longueur
sur 2 ou 3 de largeur; quant à l'épaisseur, on l'obtient à volonté, en rapprochant ou en écartant ces

scies. Le mécanisme de la scierie de M. Crespin est simple, et nous souhaitons qu'il parvienne à diminuer encore ses frais, en faisant mouvoir par eau ce qui exige en ce moment deux et même quatre chevaux, dont l'entretien est trop considérable pour les résultats obtenus. M. Crespin gagnerait aussi à placer sa mécanique près de la carrière, ce qui lui épargnerait le transport de la pierre en blocs jusqu'à la ville et même un droit d'entrée inutile puisque la pierre en tablettes ressort de Falaise pour être exportée au loin. Au surplus, il est dans une bonne voie d'amélioration. On peut espérer qu'il ne s'arrêtera pas à ce qu'il a fait jusqu'ici.

TROISIÈME PARTIE.

Instruction.

L'INSTRUCTION primaire, il y a cinquante ans, n'existait pas dans nos contrées. Le clergé enseignait à lire et un peu à écrire aux enfans des plus riches propriétaires de nos campagnes ; dans la ville, quelques femmes et deux ou trois pédagogues, connus sous le nom de *maîtres d'école* ou *d'humanistes*, rassemblaient la jeunesse d'élite qui recevait d'eux les premières connaissances et même quelques notions de latin. Le peuple était oublié et restait dans l'ignorance. La révolution tendit à changer cet état de choses, et à étendre l'instruction dans toutes les classes. Mais rien ne fut organisé, et l'empire, occupé de ses guerres, n'améliora pas non plus beaucoup l'état de l'enseignement primaire en France. La restauration fit un pas et donna le signal du progrès en créant un corps d'instituteurs munis de brevets, qui offraient dejà une garantie de capacité, et qui, se trouvant placés sous la surveillance de l'université, semblaient devoir marcher avec ensemble vers un but d'amélioration. Malheureusement une pensée rétrograde anima ceux qui présidèrent à la direction des études publiques, pendant le dernier règne ; et ce ne fut qu'en 1830 que l'on s'occupa serieusement de répandre l'instruction dans toutes les classes de la société. Enfin la loi du mois de juin 1833, la *loi Guizot*, a tout organisé, et maintenant tout marche, dans les campagnes comme dans les villes, vers un état de perfectionnement qui ne laissera rien à désirer aux vrais amis de l'instruction du peuple. Les instituteurs n'ont pu être improvisés cependant, en un moment, de manière à répondre tout-à-coup à tous les besoins; mais des écoles normales, établies dans les chefs-lieux des départemens, forment de jeunes maîtres qui sortent de là chaque année avec toutes les garanties d'aptitude aux fonctions pour lesquelles ils sont réservés. Notre arrondissement était un de ceux qui comptaient, en 1830, le moins de maîtres capables, le moins d'écoles bien organisées. Aujourd'hui, dans Falaise et dans nos cantons, nous citerons 12 à 15 écoles parfaitement tenues, un nombre égal de bons maîtres, et 30 établissemens élémentaires qui donnent des espérances pour l'avenir. Le reste est bien imparfait encore, mais tend cependant à s'améliorer. De toutes parts l'impulsion est donnée. Des hommes dévoués dirigent le comité d'instruction supérieur. Leur zèle se communique aux administrateurs, aux membres des comités communaux. Cet accord des hommes les plus intelligens, les plus avancés du pays, hâtera pour nous le moment de l'organisation complète des écoles d'après le système de la loi nouvelle. Beau jour que celui où chacun de nos concitoyens pourra recevoir paisiblement dans son village la dose d'instruction qui devra le mettre à portée de tirer tout le parti possible de sa position sociale! Car nous ne désirons, nous n'avons jamais désiré la propagation de l'enseignement que dans ce seul but. Les écoles doivent être partout spéciales, c'est-à-dire en rapport avec les besoins de ceux pour lesquels elles sont établies. Voyons maintenant, avec quelques détails, où nous en sommes aujourd'hui sur ce point. L'examen de notre état présent nous aidera a juger, d'année en année, les pas que nous aurons faits.

ÉCOLES DE LA VILLE.

En 1830, il n'y avait qu'une école publique gratuite à Falaise, celle des frères de la doctrine chrétienne. Elle avait été creée, par la ville, en 1819, et contenait à peine 110 enfans. Le mode d'enseignement que l'on y suivait était très-médiocre.

Au mois d'avril 1831, le conseil municipal créa une école d après la methode d'enseignement mutuel, et appela, pour l'organiser, un jeune maître qui se rebuta devant les obstacles qui lui furent suscités. Un nouveau maître, qui le remplaça, lutta avec plus de succès, et aujourd'hui, après deux années de travail obstiné, il a rassemblé près de 160 élèves; il a constitué son mode d'enseignement, objet de tant de préventions, et il est parvenu à se concilier la confiance et l'estime des chefs de l'administration et des surveillans naturels de l'instruction primaire. Un tel résultat lui a valu les suffrages des membres de l'*Association* qui lui ont decerné la première médaille d'argent destinee par eux à encourager l'instruction. Jamais instituteur ne fut plus devoue que lui à ses devoirs.

Depuis la création d'une école mutuelle, celle des frères a été reorganisée et a fait aussi des progrès. Les méthodes d'instruction y ont été changées et perfectionnees; des maîtres en plus grand nombre y ont ete appelés; et le nombre des enfans qui la fréquentent a été successivement porté jusqu'a près de 300. Nous laissons de côté les doctrines et les influences pour ne nous occuper que du fait de l'accroissement et de l'amélioration de cette école. Il est certain que la concurrence lui a été profitable, en la faisant sortir du système d'enseignement très-imparfait qne l'on y suivait. Elle a presente quelques eleves distingués depuis deux ou trois ans.

D'autres écoles, plus spécialement destinées à la classe ouvrière, ont ete organisées dans les faubourgs depuis 1830. Ces écoles, aussi utiles qu'elles sont modestes, ne sont pas conques et appreciées autant qu'elles devraient l'être. Chaque faubourg principal a une école ouverte tous les jours pendant deux heures : à St.-Laurent, près des filatures, on a choisi l'instant du dejeûner pour la tenue de l'école, c'est-à-dire de 8 a 10 heures du matin ; à Guibray, l'on a choisi l'instant du dîner, c'est-à-dire de une à trois heures après midi ; enfin, au Valdante, on a cru devoir préférer l'instant où le jour finit, c'est-à-dire de cinq à sept heures du soir en hiver, et de sept à neuf heures en été. Ces écoles ont compté ensemble plus de 150 élèves, et en temps ordinaire elles en ont 120 environ, c'est-à-dire 40 à peu près chacune. Que l'on songe bien que ces 120 à 150 jeunes gens ne recevaient jusque-là aucune instruction ; qu'occupés tout le jour à leurs travaux mécaniques, ils donnaient à un repos d'oisiveté l'heure ou les deux heures qu'ils consacrent aujourd'hui à une étude peu fatigante et si profitable par ses résultats. Nous ne craignons pas de le dire, ces établissemens sont les plus dignes d'être encouragés, soutenus, parce qu'ils s'ouvrent pour cette portion de la population que le défaut complet d'instruction mettait le plus en dehors de la société, livrait le plus à la merci de ceux qui voulaient user et abuser d'elle en invoquant une supériorité de lumières que tout tendra maintenant à faire disparaître, au moins d'une manière relative. Le conseil municipal, en creant les ecoles d'ouvriers des faubourgs, a fait un acte de haute sagesse. Il en sera bientôt récompensé par l'amélioration qui se manifestera dans les mœurs de la cité. Le maître des écoles d'ouvriers est zélé et assidu ; il mérite des éloges pour son dévouement.

Nous ne disons rien encore de l'éducation des jeunes filles ; on a trop peu fait pour elles jusqu'ici.

ÉCOLES RURALES DES CANTONS DE FALAISE.

Les communes qui avoisinent Falaise ne peuvent être citées pour modèles ; on n'y a pas montré assez d'empressement pour l'organisation de l'enseignement primaire. La lumière est au centre, au foyer, mais ne se répartit pas également sur tous les points de l'arrondissement. Beaucoup de nos communes les plus rapprochées sont sans instituteurs, et plusieurs, il faut le dire, par la négligence ou même le mauvais vouloir de leurs administrateurs. A Versainville, il y avait un bon instituteur. Il a été dégoûté, et il vient de passer au chef-lieu d'un canton voisin. A Aubigny, St.-Pierre-Canivet et Ouilly-le-Basset, les instituteurs sont repoussés également sans motifs qui semblent fondés. A Corday, à St.-Pierre-du-Bû, il n'y en a point ; à Villy, l'instituteur ne vivrait pas, s'il n'avait quelques ressources personnelles. Dans d'autres localités, les instituteurs sont d'une faiblesse extrême. Quelques communes cependant ont aussi déja des écoles ou bien tenues ou en progrès. Celles de St.-Germain-Langot, d'Ussy, de Martigny sont à remarquer ; l'instituteur d'Ouilly-le-Basset a du mérite, celui de Villy est un homme d'étude et de zèle. A Treprel il n'y a point de maître encore ; mais les administrateurs en appellent de tous leurs vœux. A St.-Martin-du-Bû, il vient d'en arriver un qui est instruit. Avons l'œil sur tous ces points ; encourageons ou éveillons les hommes qui peuvent donner l'impulsion. La loi est maintenant pour nous ; nous arriverons à la faire comprendre et exécuter.

ÉCOLES DU CANTON DE COULIBOEUF.

Ce canton n'est pas non plus le plus avancé, bien que l'on y fasse quelque progrès. La disette de bons instituteurs s'y fait encore sentir. Celui de Beaumais, l'homme le plus infatigable de l'arrondissement, est un vieux maître qui semble se peu soucier des doctrines nouvelles, et qui exécute, par la patience, par l'obstination, ce qui pourrait lui devenir plus facile par une application plus simple des méthodes perfectionnées. Mais la critique doit respecter son dé-

vouement. Dans un local étroit, malsain et qui ac-
cuse d'imprévoyance, nous dirions presque d'inhuma-
nité l'administration, il donne l'instruction à 150 enfans qui l'aiment et le respectent. *L'Association*, frappée
du bien qu'il fait au pays, lui a donné cette année sa
première medaille de bronze.

A Courcy, à Jort, à Fourches, il y a des maîtres
capables, mais qui laissent à desirer quelque chose.
L'école de Crocy commence à se développer. Celles
d'Ernes, de Morteaux, des Moutiers sont occupées
par d'anciens instituteurs. Nous ne dirons rien du
reste. Il y a des écoles qui auraient besoin d'une ré-
forme complète.

ÉCOLES DU CANTON DE BRETTEVILLE-SUR-LAISE.

Il y a bien des espérances dans ce canton. C'est
celui qui est le plus en progrès. Plus de la moitié des
maîtres ont de la capacité, et beaucoup sont pleins
de sève et d'émulation. C'est là que sont nos meilleures, nos plus florissantes écoles rurales.

Nous placerons sur la première ligne les écoles de
Moulines, de Barbery, de Boulon, d'Ouilly-le-Tesson
dont les maîtres nous semblent avoir quelque supériorité sur les autres; et en seconde ligne, à des dis-
tances plus ou moins rapprochées, les ecoles des
Moutiers-en-Cinglais, de Bretteville-sur-Laise, de
Fresné-le-Puceux, d'Urville, de Grainbosq, de St.-
Laurent, de Mutrecy, de Mezières, de St.-Sylvain,
de Magny-la-Campagne. Six ou sept de ces instituteurs
sortent de l'école normale. Quelques-uns ont adopté
la méthode d'enseignement mutuel ou l'ont combinée
avec la méthode simultanée. Nous en avons vu rai-
sonnant leurs principes d'enseignement comme des
maîtres de ville. L'un d'eux, dont les études ont été
complètes, serait un excellent directeur d'école supérieure, ou même un régent de classes dans un collége communal. Voilà ce qui nous donne confiance
dans l'avenir des études publiques de nos campagnes.

Les autres cantons ne seront pas toujours en arrière de celui de Bretteville. L'exemple de celui-ci éveillera l'émulation des administrateurs arriérés de plusieurs communes que nous avons dû marquer d'un point noir dans nos impartiales appréciations.

ÉCOLES DU CANTON D'HARCOURT.

Ce canton a deux bonnes écoles, celles d'Harcourt et de Tournebû. L'instituteur d'Harcourt a suivi jusqu'ici la méthode mutuelle avec succès, bien qu'il ait été contrarié de bien des manières. L'instituteur de Tournebû a aussi un mérite réel. A Croisilles, un jeune maître, sortant de l'école normale, promet d'organiser un bon enseignement. L'école d'Esson a mérité des encouragemens. Le reste du canton est bien faible, et c'est peut-être le point de l'arrondissement où l'on semble s'occuper le moins d'améliorations. Si le comité du chef-lieu d'arrondissement montrait de la faiblesse, les instituteurs incapables trouveraient trop facilement appui et protection auprès de quelques-uns des administrateurs de ces communes bocagères. Clécy, la plus importante, la plus populeuse des communes de nos cantons, a des écoles très-médiocres. Celle de Meré l'est davantage encore. Il y a des localités qui n'en ont point et qui semblent peu s'en soucier. Mais, nous le répétons, l'impulsion imprimée par le chef-lieu étant bonne, tout s'organisera par degrés. On n'improvise pas cent écoles dans une année. Prenons cinq ans, dix ans même, s'il le faut, et soyons sûrs de réussir si nous suivons toujours la même ligne. Que l'on compare notre situation présente à ce qu'elle était il y a quatre ans ; que l'on voie nos jeunes maîtres auprès de ceux d'entre les anciens qui n'ont pas travaillé pour se mettre en mesure de soutenir la concurrence. Il y a sous ce rapport le progrès le plus marqué. Tout annonce que ce progrès ira en croissant.

CONFÉRENCES MENSUELLES

SUR L'INSTRUCTION PRIMAIRE.

Pour hâter le moment où l'instruction marchera avec ensemble sur tous les points dans la voie qui lui est ouverte, l'Association a eu la pensée de réunir chaque mois les instituteurs dans une des localités de l'arrondissement. Là, sous la présidence et la direction de quelques-uns des membres les plus marquans de la section d'instruction, on s'occupe de l'examen des questions qui intéressent le plus l'organisation des écoles publiques, tant sous le rapport des doctrines que sous le rapport purement matériel. Chaque instituteur est appelé à donner son avis, soit verbalement soit par écrit. On lit les cahiers officiels et les décisions du conseil royal de l'instruction publique sur tout ce qui peut offrir une application dans le pays. On entend les rapports émanant du comité supérieur sur la situation des diverses écoles. Enfin on apprend à se connaître, à s'apprécier, et une salutaire émulation s'éveille entre tous ces maîtres, jeunes encore pour la plupart, et parcourant ensemble une carrière où le mérite et le dévouement peuvent seuls assurer des succès durables pour l'avenir. Les conférences mensuelles n'ont pas encore été très-multipliées, mais elles ont déjà été utiles. L'hiver les a interrompues, car les déplacemens d'instituteurs, pour se rendre à deux et trois lieues de leur résidence, sont très-difficiles dans cette saison. Mais dès le retour des longs jours, au mois d'avril, elles seront reprises pour les six beaux mois de l'année. Nous n'avons pas besoin d'insister sur l'influence qu'elles doivent avoir sur le progrès de l'instruction primaire parmi nous; l'administration supérieure les a approuvées avec empressement, et tous les esprits les plus avancés parmi les instituteurs se sont empressés d'y assister. Cette année elles auront plus de succès encore, à mesure qu'elles seront mieux appréciées.

Les conférences mensuelles ont lieu tantôt au chef-lieu de l'arrondissement, tantôt dans une des communes centrales des cantons ruraux. Une des reunions a déja eu lieu à Pôtigny. On croit qu'il y en aura cette année à Coulibœuf, à Lengannerie, à Ussy, à Harcourt; il faut que tous les points les plus importans soient successivement visites; il faut que les instituteurs des divers cantons aient une conférence, autant que possible, chaque année, dans le centre de leur contree.

BIBLIOTHÈQUE COMMUNALE DE VILLY.

L'Association songe à créer des bibliothèques pour l'instruction générale dans les communes principales des cantons. Un puissant moyen de progrès serait d'en voir une près de chaque ecole; mais les fonds ont manque, en 1835, pour commencer l'exécution de cette œuvre utile. M. le ministre de l'instruction publique avait promis d'y contribuer en faisant un envoi de livres. D'autres soins lui auront fait perdre cet objet de vue. Cette année on a l'espoir de créer une *Bibliothèque modele* sur les fonds de l'Association. Si elle obtenait du succès, peut-être les communes se prêteraient-elles à voter elles-mêmes quelques fonds pour concourir à ces utiles institutions. Un exemple de ce genre a déjà été donné par une des petites communes du premier canton de Falaise. A Villy, il y a une bibliothèque de plus de cent volumes dont le noyau a été fourni par M. Letellier, desservant, par M. Fleury, maire, notre depute, et par madame Fleury. D'autres personnes y ont encore concouru. L'ensemble des ouvrages est satisfaisant, et tous ont eté lus et relus par la population. L'instituteur est bibliothécaire. Voilà un premier exemple bon a être cité; que ceux des administrateurs qui voudraient l'imiter s'adressent à nous; nous leur in-

diquerons les moyens les plus économiques, les plus
prompts de réussir ; nous les aiderons de quelques
secours ou au moins de quelques livres. Ces livres
ne seront pas bien savans, mais ils renfermeront des
leçons de morale et de pratique en style simple et
précis : *Simon de Nantua*, la *Morale en action*, le
Calendrier du bon cultivateur en seront les modèles.
Nous voulons faire des hommes vertueux et utiles.
Nous leur indiquerons, dans ces lectures, les moyens
d'y parvenir. Dans les soirées d'hiver, nos bibliothèques offriront des délassemens plus solides que
ceux que peuvent offrir ces mauvais almanachs qui
semblent faits, en général, pour éterniser les sots
préjugés dans les campagnes. Puissent nos *Annuaires*
contribuer aussi à amener ce résultat ! C'est dans ce
but que nous les avons surtout entrepris et que nous
nous efforcerons de les répandre. Nos efforts seront
bien payés, si nous obtenons ce succès.

INSTITUTEURS REÇUS EN 1835.

La commission instituée au chef-lieu du département pour le réception des instituteurs nouveaux a
été extrêmement sévère en 1835. Nous sommes loin
de lui en faire un reproche : cette sévérité est la première garantie d'une bonne organisation de l'instruction primaire dans notre pays. Ce que nous voulons
seulement constater, à cette occasion, c'est que parmi les 48 aspirans qui se sont présentés à l'examen
de fin d'année, au mois d'août, il n'y en a eu que
7 que la commission ait jugés dignes d'être pourvus
d'un brevet ; et, sur ces 7 instituteurs nouveaux, 4 ap-
partiennent à notre arrondissement. Ce résultat sem-
blerait démontrer que l'impulsion imprimée aux
études par notre comité et la tendance au progrès,
seraient plus marquées chez nous que dans les cinq
autres arrondissemens du Calvados. La même supériorité s'est manifestée lors du concours pour l'ad-
mission aux bourses de l'école normale, au mois

de septembre. Nos jeunes aspirans ont fait preuve d'une aptitude qui les a fait admettre avec empressement. Du reste, pour encourager et récompenser le mérite dans toutes les classes, nous donnerons les noms de tous ces jeunes maitres et aspirans, après ceux des instituteurs en exercice, dans la derniere partie de cet *Annuaire*. La génération qui s'elève doit connaître tous les hommes qui peuvent lui être utiles pour marcher dans la voie des progrès et des perfectionnemens.

QUATRIÈME PARTIE.

—

VARIÉTÉS.

MOUVEMENT DE LA POPULATION.

L'ARRONDISSEMENT de Falaise offre une superficie de 87,747 hectares, 65 ares, 39 centiares, et se divise en cinq cantons et en 125 communes.

Sa population s'élève à 62,349 habitans ainsi répartis :

Canton de Bretteville-sur-Laise,	13,969.
de Coulibœuf,	9,605.
de Falaise, 1re. section,	9,700.
de Falaise, 2e. section,	14,109.
de Thury-Harcourt,	14,966.

M. Renault, substitut, nous a donné un tableau exact du mouvement de cette population pendant l'année 1834.

Ce tableau donne :

Pour le canton de Bretteville-sur-Laise, 294 naissances, 154 mariages et 267 décès.

Pour le canton de Coulibœuf, 188 naissances, 85 mariages, 199 décès.

Pour le canton de Falaise, 1re division, 335 naissances, 98 mariages, 293 décès.

Pour le canton de Falaise, 2.e division, 209 naissances, 79 mariages, 206 décès.

Pour le canton de Thury-Harcourt, 298 naissances, 115 mariages, 343 décès.

Le relevé de ce tableau présente 1324 naissances, 531 mariages et 1298 décès; d'où il suit que les naissances ont dépassé les décès de 26. Dans le canton d'Harcourt on a pu voir qu'il y avait eu près d'un cinquième en plus de décès que de naissances; les décès ont été aussi plus nombreux dans le canton de Coulibœuf. C'est dans la première division, comprenant les deux tiers de Falaise, qu'il y en a eu le moins, au contraire. Ce résultat prouverait-il que le séjour des villes est plus sain que celui des campagnes, ou que le genre de vie y est moins meurtrier? Le rapprochement devrait avoir lieu pour un plus grand nombre d'années, avant que l'on arrivât à cette conclusion. En 1833, l'arrondissement avait offert 1366 naissances et 1180 décès. En 1832, il avait offert 1277 naissances et 1274 décès. En 1831, 1251 naissances et 1158 décès. Enfin en 1830, 1290 naissances et 1181 décès. Ainsi tous les ans il y a eu excédent de naissances sur les décès dans cet arrondissement. Cet excédent s'élève à 307 pour les cinq années.

M. Renault nous promet à l'avenir un travail semblable pour les années suivantes. Nous le donnerons avec empressement.

ÉTAT MORAL DE L'ARRONDISSEMENT.

La population de ce pays n'est, en général, ni perverse, ni méchante. Elle commet des excès, mais pas de grands désordres ni de grands crimes. Dans les parquets, où l'on a pu l'observer et l'étudier avec un peu de suite, il a été pris des notes depuis plusieurs années, qui permettent de se faire une idée du nombre et de la nature des crimes ou délits qu'elle commet habituellement. Les résultats sont loin d'être contre elle. Sur une masse de 62,349 habitans, voici le relevé des numéros de poursuites pour chaque année, depuis 1827, et dans ces numéros on a noté le nombre des poursuites qui ont eu lieu pour vols. Le vol est, en général, l'acte qui annonce le plus l'état de dégradation dans nos sociétés modernes. Là où le vol est fréquent, les autres vices sont d'ordinaire répandus en proportion. Nous avons donc relevé les vols comme les actes les plus propres à faire apprécier le degré de moralité des habitans de ce pays.

En 1827, il y a eu cent numéros de poursuites au parquet sur lesquels 39 avaient des vols pour objet.

En 1828, il y a eu 125 numéros de poursuites sur lesquels 33 vols.

En 1829, 121 numéros — 43 vols.
En 1830, 158 numéros — 25 vols.
En 1831, 114 numéros — 27 vols.
En 1832, 114 numéros — 36 vols.
En 1833, 93 numéros — 24 vols.
En 1834, 110 numéros — 24 vols.
En 1835, 93 numéros — 23 vols.

En prenant un terme moyen, on trouve, pour chaque année, 114 numéros et 30 vols. Il en résulte que les dernières années donneraient une amélioration sur les premières. A quoi l'attribuer? Est-ce à l'amélioration des mœurs, ou à l'abondance qui règne depuis quatre ans? Cela tient probablement à l'un et à l'autre ; car nous ne pouvons penser que le zèle et l'esprit de sévérité aient cessé d'être les mêmes chez les hommes qui dirigent les poursuites. En 1830, le nombre des numéros s'éleva au dessus du chiffre ordinaire par suite des fréquens incendies et des nombreuses arrestations de vagabonds et de mendians qui en furent la suite. L'ordre ancien reparut aussitôt après. Le nombre des affaires envoyées au jury ne s'élève pas annuellement, pour cet arrondissement, à plus de sept à huit. Nul des autres arrondissemens du Calvados n'offre proportionnelle-

ment, à ce qu'il paraît, des résultats aussi satisfai-
sans. Depuis quinze ans, il y a eu quatre condamna-
tions à mort, mais pour des causes que l'on ne peut
attribuer qu'à des dérangemens accidentels. Ainsi deux
faibles femmes furent condamnées à la peine capitale
pour incendies, en 1830. C'était un fanatisme de
circonstance. Un homme tua sans cause, et avec une
sorte de frénesie, un de ses voisins. Il fut gracié
comme atteint de folie. Enfin une femme, par des
ressentimens jaloux, empoisonna un homme qui
l'abandonnait. Nul de ces condamnés n'a eté exécuté.
Les crimes de cet arrondissement que l'on porte aux
Assises sont généralement des vols avec circonstances
aggravantes, quelques faux en écritures de commerce
et des actes de violence amenant des blessures plus
ou moins graves. Car, il faut l'avouer, l'ivrognerie
est la plaie morale de notre population. Le cabaret
est le rendez-vous d'un trop grand nombre de nos
concitoyens ; et c'est là que les querelles, les rixes se
multiplient et amènent les plus fâcheuses scènes.
L'homme qui boit est grossier et brutal ; la moindre
contradiction le porte a des actes de fureur. Trois in-
dividus sont morts, en 1835, des suites de blessures
recues en état d'ivresse. Que ces exemples servent
d'avertissement chez nous ! Les poursuites faites contre
les étrangers qui fréquentent notre foire figurent
parmi les numéros que nous avons donnés ci-dessus.
Cette consideration tend à affaiblir encore le nombre
des delits imputables aux habitans du pays. On sait
que ce sont, en géneral, des vols que commettent
ces étrangers.

INSTITUTIONS ET ÉTABLISSEMENS SCIENTIFIQUES ET LITTÉRAIRES.

Falaise est à coup sûr, entre les petites villes, une
de celles qui renferment le plus grand nombre d'établissemens scientifiques et littéraires.

Elle possède, depuis douze ans, une *bibliothèque*

publique qui contient plus de 5,ooo volumes, qui est ouverte quatre fois la semaine, et dont les livres sont d'autant plus utiles qu'ils sont donnés en lecture à tous ceux qui souscrivent annuellement pour une modique somme de 12 francs. Les abonnemens ne donnent pas moins de 1,200 fr. par année, qui sont employés en achats de livres nouveaux. La ville pourvoit de plus, par des fonds spéciaux, à l'acquisition des livres de fonds. En 1835, elle y a consacré plus de 1,000 fr. La bibliothèque de Falaise est devenue un modèle que l'on cite chez nos voisins. A Vire, à Lisieux, et sur d'autres points on a essayé de l'imiter avec plus ou moins de succès. Le gouvernement, qui apprécie son utilité, lui a fait plusieurs dons importans en 1835.

Une *Société littéraire*, pour la lecture des journaux et revues, est organisée depuis quatre ans. Elle se compose de 5o membres parmi lesquels règne une parfaite harmonie. Une salle de billard est jointe à l'établissement pour le delassement des associés. Le prix de l'abonnement annuel est de 36 francs.

En 1834, trois institutions scientifiques se formèrent en peu de mois à Falaise.

La *Societe d'agriculture* se compose de 70 membres fondateurs, payant 10 francs, et de 13o membres libres payant un franc. Elle se réunit le premier samedi de chaque mois en comité, et tous les trois mois en assemblée générale. Elle publie un *Recueil* et a créé un concours annuel de charrues. Le ministre du commerce lui a accordé 600 francs en 1835.

L'*Association pour le progrès de l'agriculture, de l'industrie et de l'instruction*, se compose de 13o membres payant cinq francs et de 10 membres payant trois fr. Elle se réunit le premier dimanche de chaque mois en assemblée particulière où tous les membres sont admis, et tous les trois mois en assemblée générale. Elle publie des *Bulletins*, un *Annuaire*, et décerne, annuellement, des médailles et des récompenses. Elle a recu également de M. le ministre du commerce, en 1835, une subvention de 600 fr.

La *Société académique des sciences, arts et belles-lettres* se compose de 48 membres titulaires, payant dix francs, de douze membres associés, payant cinq francs, et de plus] de 200 membres correspondans. Elle a une reunion particulière le premier vendredi de chaque mois, et tient une séance publique au mois de mai. Elle publie des *Mémoires* et a ouvert des conferences sur les diverses parties de la science. Les conférences de l'hiver dernier ont eu pour objet la geologie et l'archéologie.

Ces trois institutions ont pleinement prospéré pendant l'année 1835.

La ville , depuis plus trente ans, entretient un *collége* communal qui a eu ses phases de prospérité et de revers et où l'enseignement s'est toujours maintenu au complet. Il y a des chaires de philosophie, de mathematiques, de rhétorique, de seconde, de troisième, de quatrième, de cinquième, de sixième, de septième et d'anglais. Une école primaire supérieure y est jointe depuis deux ans et obtient du succès. L'organisation intérieure actuelle du college acquiert de jour en jour la confiance des parens, et l'établissement reprend son ancienne faveur. A aucune époque il n'a réuni un plus grand nombre de professeurs capables.

Dans les cantons, nous devons citer le *Comice agricole* d'Harcourt, la première institution de ce genre fondée dans l'arrondissement. Elle remonte deja à quatre ans et se compose d'une quarantaine de membres payant annuellement deux francs. Il y a une réunion particulière le premier mardi de chaque mois et une séance publique au mois de mai. L'*Associaciation* a publié, dans ses *Bulletins*, plusieurs mémoires communiqués par le *Comice* d'Harcourt. Le gouvernement n'a rien fait encore pour cette institution qui mérite cependant d'être encouragée.

CAISSE D'ÉPARGNES.

Un établissement bien important a été fondé, à Falaise, en 1835, c'est une caisse d'épargnes. Les hommes prévoyans du pays, les vrais amis des classes industrieuses appelaient depuis long-temps cet établissement de tous leurs vœux. La caisse d'épargnes est ouverte à tout le monde. On y peut apporter depuis un franc jusqu'à 300 fr. à la fois. On peut y déposer jusqu'à 2,000 fr., c'est-à-dire toute la somme qu'un petit ménage peut avoir à sa disposition. L'ouvrier qui gagne 6, 8, 10, 12 fr. par semaine, est souvent en état de mettre de côté, chaque dimanche, un ou deux francs. Qu'il les apporte à la caisse d'épargnes. Il se trouvera avoir, à la fin de l'année, une réserve de 50 ou de 100 fr., plus l'intérêt de deux ou de quatre fr. que ses fonds auront produit à son avantage. Qu'il continue pendant 10 ans, il aura 500 fr. s'il a déposé un franc par semaine, et 1,000 fr. s'il a déposé deux francs, plus 2 ou 300 fr. d'intérêts. Dans vingt ans, dans quarante ans les capitaux se seront accrus d'une manière sensible. Ainsi, celui qui commencerait à verser deux francs par semaine, à l'âge de vingt ans, aurait à soixante ans, âge où il viendrait à sentir le besoin du repos, un capital de 4,000 fr. indépendamment de tous les intérêts qu'il aurait perçus. 4,000 fr., au taux légal, donnent 200 fr. de rente. Placés en viager ils donneraient 400 f. Quelle ressource pour la vieillesse d'un homme qui a vécu sobrement de son travail ! Les pères de famille qui ne pourraient laisser leurs économies à la caisse d'épargnes pendant un temps aussi long, sont toujours sûrs de trouver, à tout événement, comme une ressource, ce qu'ils y auront déposé. Qu'un de leurs enfans se marie, qu'ils aient une maladie un peu grave, et on leur remet leur dépôt aussitôt qu'ils le réclament. Ils n'ont point de retard à craindre. La caisse rembourse à bureau ouvert et au jour marqué par le réclamant avec l'intérêt jusqu'à ce jour. Quel banquier offrirait un pareil avantage? D'ailleurs la caisse présente toutes les garanties imaginables. C'est la ville, c'est le tresor public, c'est le gouvernement qui répondent des versemens. Il n'y a pas de révolutions à craindre avec de tels garans. Aussi voit-on les hommes de toutes les opinions apporter leurs économies à la caisse d'épargnes. Le maître et le domestique, le fabricant et l'ouvrier s'y rencontrent. Tous y trouvent une égale securite, un egal avantage. Depuis l'ouverture de la caisse, le nombre des depôts a toujours été en augmentant. La confiance s'accroît à mesure que l'on apprend à connaître cette précieuse institution. Remercions les administrateurs qui nous l'ont donnee.

La caisse d'épargnes est ouverte, à l'hôtel-de-ville, tous les dimanches, de neuf heures du matin à une heure, pour recevoir les versemens, et tous les vendredis, de neuf heures du matin également à une heure, pour les remboursemens. Outre M. le maire qui, comme chef de la ville, préside son administration, elle a quinze directeurs pris parmi les hommes les plus dévoués du pays. Chacun d'eux est successivement chargé d'assister aux versemens et aux remboursemens avec le caissier. L'intérêt des fonds a été provisoiremet fixé à quatre pour cent, pour 1836. Il pourra être porté au-dessus de cette somme, mais jamais au-dessous.

La caisse d'epargnes est établie pour tout l'arrondissement. Ainsi tous les habitans des cinq cantons peuvent y apporter ou y envoyer les sommes qui sont à leur disposition. Les livrets se donnent gratuitement et les écritures se font sans frais. On est remboursé egalement sans être tenu de rien payer.

CONSEIL DE PRUD'HOMMES.

Les améliorations s'enchaînent les unes aux autres, et, quand on est dans une bonne voie, on y marche progressivement en multipliant autour de soi les utiles institutions. Ainsi nos administrateurs ont créé, il y a un an, la caisse d'épargnes comme moyen d'assurer des ressources pour les familles industrieuses et économes de notre contrée. Cette année ils vont s'occuper de la création d'un conseil de prud'hommes destiné à maintenir paternellement l'union, la bonne harmonie dans les atéliers, et à prévenir les fâcheuses contestations qui, dans l'état actuel des choses, s'élèvent trop souvent entre les maîtres de fabrique et leurs ouvriers. C'est dans le sein de l'*Association* que la proposition de créer le conseil de prud'hommes a été faite par un fabricant. Elle y a été accueillie avec empressement et renvoyée au conseil municipal de Falaise qui a plus spécialement qualité pour s'en occuper. Le conseil municipal a déjà délibéré plusieurs fois et renvoyé, pour prendre une décision définitive, à la prochaine session de mai. Nous sommes loin de le blâmer de cette lenteur. Il est bon qu'il ne se jette pas dans des innovations qui n'auraient pas un but d'utilité réelle. Nous regardons celle-ci comme ayant tout-à-fait ce caractère. Mais par cela même nous pouvons être sûrs qu'elle nous sera prochainement accordée. Caen depuis long-temps jouit des bienfaits de cette institution. On en organise une, en ce moment, à Condé-sur-Noireau, petite ville voisine, notre émule et long-temps notre modèle. Le *Moniteur* vient d'annoncer qu'Évreux, bien que moins industrieux que Falaise, venait d'être autorisé à avoir son conseil de prud'-hommes. Les réclamations de nos chefs de fabrique seront entendues à leur tour. Nous n'avons pas encore vu nos administrateurs reculer devant une occasion de faire le bien. Le conseil de prud'hommes, comme la caisse d'épargnes, sera institué pour tout l'arrondissement.

TRAVAUX PUBLICS A FALAISE.

Les intérêts matériels ne sont point non plus négligés dans ce pays. La ville surtout donne l'exemple

des travaux utiles. Depuis 1830, elle a fait construire une école publique qui est un modèle que
l'on nous enviera partout. M. le maire a donné une
attention spéciale à la réparation des chemins, au
repavage des rues, à l'assainissement et à l'embel-
lissement des promenades. Le grand abreuvoir de la
ville, qui était un cloaque infect, est devenu un beau
bassin. La rue des Boulangers, dangereuse, inégale,
traversée par un ruisseau et un aqueduc incommodes,
est maintenant une des plus régulières de la ville.
Les eaux la traversent en dessous et ressortent par
une borne-aqueduc du meilleur effet. On songe à
construire un abattoir, à agrandir la halle. Voilà un
bon emploi des deniers publics. Nous sommes heu-
reux d'avoir à le signaler.

QUELQUES TRAVAUX PUBLICS DANS L'ARRONDISSEMENT.

Nous dirons peu de choses des grandes routes qui
traversent nos cantons. Leur réparation n'est point
à la charge de nos administrations locales. On ne
peut leur reprocher le peu de soin avec lequel plusieurs d'entre elles sont entretenues. La route depar-
tementale de Falaise à Harcourt et la nouvelle route
de St.-Pierre sont en ce moment dans un bon état.
On a travaillé à la route royale d'Angers à Caen,
dans la traverse de l'arrondissement, mais pas d'une
manière suffisante. Le passage des bois de St.-André
est toujours, entre autres, très-mauvais. La route dé-
partementale de Falaise à Condé se dégrade beaucoup depuis plusieurs années. Celle de Caen à Condé,
par Harcourt, est dans le plus fâcheux état sur beaucoup de points. On parle d'un pont que le département serait dans l'intention de jeter sur l'Orne, à
Harcourt, pour ouvrir une communication entre Falaise, Bayeux et tout le Bessin. Nous applaudirions
beaucoup à ce travail. Harcourt est parfaitement si-
tué, mais peu industrieux. Un concours si favorable
de circonstances, ces relations faciles ouvertes avec

tous les points principaux du département, arrache-
raient peut-être ses habitans à leur engourdissement.
Des étrangers du moins viendraient s'y établir et y donneraient l'impulsion qui a manqué jusqu'ici à cette
contrée pour la placer au rang qui semble lui être
réservé par sa position naturelle et par ses ressources.

Parmi les travaux dus au localités, nous devons signaler l'ouverture d'un grand chemin vicinal allant
de Cintheaux à Ouilly-le-Basset par Bretteville-sur-
Laise, Cesny-Boishalbout, Meslay, Donnay, Cosses-
seville. Des particuliers riches ont fait quelques sacrifices et mis en mouvement les administrations locales
pour faire autoriser cette entreprise. Le chemin est
commencé aux deux extrémités et au point central.
Nous devons faire des vœux pour que le zèle de ceux
qui ont eu l'idée de l'exécuter ne se ralentisse pas.
Nous devons souhaiter surtout que les fonds ne man-
quent pas pour le mettre à fin. On a projeté pareil-
lement un autre grand chemin qui partirait de Ques-
nay pour se rendre au Pont-des-Vers par Ussy,
St.-Germain-Langot, Tréprel, etc. Ce serait là un travail plus utile encore que le premier, selon nous. Nous
regrettons même, il faut le dire, qu'écoutant plutôt
la voix de quelques hommes influens que les vrais
besoins de ces cantons, l'administration supérieure
n'ait pas cherché à fondre ces deux projets de chemins en un seul, en amenant directement de Cintheaux au Pont-des-Vers, au moyen d'un léger chan-
gement de direction, le premier des chemins que
nous venons de signaler. On eût ainsi évité un double
travail et obtenu néanmoins le résultat que l'on
cherche, celui de communiquer de la route de Caen
avec Ouilly-le-Basset et le Pont-des-Vers, en abré-
geant le trajet de deux à trois lieues.

Mais il est de petits intérêts privés qui eussent
pu en souffrir, et il semble que ceux-là aient été
plus entendus que le reste. Il faut que nous ayons le
courage de le publier, en désapprouvant quelquefois

ee qui ne nous paraît pas avoir été fait dans le vé-
ritable intérêt du pays, qui nous occupe avant tout.

· Quelques communes ont fait des sacrifices pour
leur chemins particuliers, telles que Barbery, St.-
Sylvain, la Hoguette; d'autres les laissent dans un
abandon que la nouvelle loi promise fera sans doute
cesser. Nous voyons aussi avec peine que très-peu de
localités rurales se soient occupées jusqu'ici de bâtir
des écoles, bien que la loi leur en ait fait un devoir. Il
semble qu'elles attendent toutes le délai de rigueur
qui leur a été assigné pour être pourvues de ces établissemens. Mais en cela elles font une faute, car le
gouvernement aujourd'hui, avec les fonds dont il
dispose, leur viendrait aisément en aide, tandis qu'il
ne le pourra plus lorsque les trois quarts des communes de France viendront à la fois lui demander
quelqu'assistance. Nous ne connaissons guère que la
commune de Morteaux qui ait demandé des secours
efficaces en 1835, pour contribuer à établir sa maison
d'école, et ils lui ont été accordés. Dans un arrondissement de l'Orne, voisin du nôtre, le ministre de
l'instruction publique a accordé, dans une seule année, près de 50,000 fr. et nous n'en avons pas reçu
la dixième partie. Avis à nos maires et à nos conseils
municipaux.

HALLES DE FALAISE ET DE L'ARRONDISSEMENT.

Que l'on nous permette quelques observations sur
l'organisation de la halle de Falaise.

Cette halle est la plus forte du Calvados. Il s'y vend
80,500 sacs de grain, sur lesquels 20,000 sacs d'a-
voine, 18,000 sacs d'orge, 35,000 sacs de blé. Une
telle vente attire aux marchés de la ville une foule
de cultivateurs et de revendeurs connus sous le nom
de *blatiers*. Leur affluence fait prospérer beaucoup de
petites industries, beaucoup d'établissemens secondaires. Il semble donc que l'administration municipale
ait un très-grand intérêt à maintenir cet état pros-

père de sa halle et même à l'augmenter en tout ce qui peut dépendre d'elle. C'est cependant ce qui n'existe pas assez peut-être, autant qu'il serait possible de le désirer. Dabord le bâtiment où se tient la halle est trop petit et mal placé ; ceci est reconnu de tout le monde. Il y a un peu de remède au premier incouvenient ; nous n'en connaissons plus au secoud. On pourra étendre le bâtiment d'un côté et l'on en fera ainsi une construction, sinon régulière, sinon commode, du moins suffisante pour les besoins. Quant aux abords, ils seront toujours difficiles, désagréables, il faut s'y résigner. Mais ce n'est point en cela seulement que le service des halles peut contribuer à leur prospérité. Il faut que le cultivateur y trouve toute la protection, tous les égards auxquels il a droit ; il faut que le fisc ne le harcèle point ; il faut qu'il puisse traiter avec une entière liberté, en se conformant aux seuls règlemens d'ordre commandés par l'interét public. Nous insistons sur ce point, pour que notre administration, animée du reste de si bonnes intentions, ne néglige aucun moyen de faire prospérer sa halle. Un cultivateur mécontent qui se retire en entraîne toujours un ou deux apres lui. S'il est influeut, il en entraînera davantage. St.-Pierre est là, qui cherche à profiter de nos depouilles ; Trun peut nous faire aussi quelque tort. Appelons à notre halle le plus de cultivateurs possible. C'est doublement une richesse, puisque les particuliers et la caisse communale en doivent également profiter. Depuis un ou deux ans, nous avons eu un peu de baisse. Songeons a nous relever.

Nous avons deux autres halles secondaires dans l'arrondissement, l'une à Harcourt, l'autre à Ouilly-le-Basset. A la halle d'Harcourt, il se vend plus de 20,000 sacs de grain, sur lesquels 15,000 sacs de blé. Le bâtiment est vieux, peu commode, et l'on songe à en construire un nouveau. Il se vend à Ouilly-le-Basset, 12,000 sacs de grain à-peu-près, dont moitié en blé. Le bâtiment est neuf, spacieux, assez commode quoique sur un terrain inégal. Ces deux halles, à cause de leur entourage, ne peuvent jamais acquérir une bien grande importance. Celle d'Harcourt cependant est encore susceptible de quelques développemens par sa position.

Nous ne parlons pas de la halle du Boishalbout, qui est presque nulle. Le bâtiment où elle se tient est sur une place bien ouverte.

FOIRES, MARCHÉS.

Tout le monde connaît la grande foire de Guibray et les principales foires de Falaise; mais les foires secondaires de la ville et des cantons ne sont pas également connues. Nous allons donner le tableau de toutes celles de l'arrondissement, en indiquant ce qui se vend, dans chacune d'elles, de plus important.

A Ouilly-le-Basset, tous les ans, il y a foire le *lundi gras* et le *dernier lundi de mars*. On y vend des bestiaux. Ces foires tiendront cette année le 15 *février* et le 31 *mars*.

A Harcourt, il y a une foire le second *mardi de carême* et une autre le *mardi de la semaine sainte*, aussi pour les bestiaux. Cette année, elles tiendront les 1ᵉʳ. *mars* et 29 *mars*.

A Cesny-Boishalbout, il y a foire le *vendredi-saint*, pour les bestiaux. Elle tombera cette année le *premier avril*.

Tous les *samedis*, à Falaise, depuis la veille de Pâques jusqu'à la St.-Michel, il y a une petite foire aux bestiaux, sous les remparts du château, près de la grande promenade. La première, qui est aussi la plus importante ordinairement, aura lieu, en 1836, le 2 *avril* et les autres de semaine en semaine.

Il y a une petite foire aux bestiaux à Coulibœuf, le *samedi d'après Pâques*. Cette année, elle se tient le 9 *avril*.

Le 21 *mai*, jour *St.-Hospice*, se tient à Falaise une

petite foire qui porte ce nom; presqu'uniquement pour les bestiaux.

Le 1.er *mardi de juin*, a lieu une petite foire aux bestiaux à Harcourt. Cette année, elle tombera le 7 *juin*.

La foire *St.-Gervais* de Falaise est assez importante. On y vend surtout des laines, des chevaux, des bestiaux. Cette année, elle tomberait le 20 *juin*; mais ce jour étant un dimanche, elle aura lieu probablement le samedi 19 *juin*.

Le *second lundi de juillet*, foire aux bestiaux à Ouilly-le-Basset; cette année, le 11 *juillet*. Belle foire, le 18, dite la *St.-Clair*, à St.-Omer, sur une haute montagne; on y loue des domestiques des deux sexes pour tout le pays. On y vend des chevaux, des bestiaux, diverses marchandises. Foire à Harcourt, le 24 *juillet* et à Cesny-Boishalbout, le 26 *juillet*, pour les bestiaux.

En août, la grande foire de Guibray ouvre, pour les chevaux de prix, le 10, et ils se vendent même dès le 7 dans les écuries. Le déballage des marchandises a lieu le 13, dans les magasins, et la vente commence le 15, à midi. Elle se prolonge jusqu'au 24 inclusivement. Les paiemens et les protêts ont lieu les 25 et 26. On compte que dans l'état de décadence actuelle, il peut se vendre encore à Guibray, chaque année, pour *quinze millions* de marchandises sur place outre *quinze autres millions* d'affaires, qui se traitent par commission.

Le *dernier lundi d'août*, cette année le 29, il se tient une foire aux bestiaux à Ouilly-le-Basset.

Le 8 *septembre*, se tient à Clécy la foire de *la Landelle*, pour les bestiaux. Le 15, a lieu la *Ste.-Croix* ou *petite-Guibray*, à Falaise. Autrefois cette foire durait 8 *jours* et était importante; aujourd'hui il s'y vend de la laine, des chevaux, des bestiaux, et elle ne se prolonge guère au-delà d'un jour. Dans la rue du pavillon, à Guibray, des boutiques sont ouvertes pendant 2 ou 3 jours.

Le 22 *septembre* il se tient à Harcourt une jolie foire qui dure *trois jours* et qui prend une notable accroissance depuis quelques années. Elle est bien placée dans un champ, à l'embranchement de la route de Falaise avec celle de Condé. Il s'y vend des chevaux, beaucoup de bestiaux, des nouveautés, etc. Cette foire prospérera de plus en plus.

Le 1.er *octobre* a lieu, à Falaise, la foire *St.-Michel*. Il s'y vend beaucoup d'ognons, des chevaux, des bestiaux. Elle est d'ordinaire assez considerable.

Une foire, où se vendent surtout beaucoup de moutons, a lieu, le 6 *octobre*, à St.-Sylvain.

En novembre, des foires ont lieu, le 2, à Bretteville-sur-Laise; le *premier lundi* du mois, cette année le 7, à Ouilly-le-Basset; le 9, à Coulibœuf; le 2.e *mardi* du mois, cette année, le 8, à Harcourt; et a Falaise, le 22, dite *Ste.-Cécile*. Toutes pour les bestiaux.

Nous n'avons des foires ni en décembre, ni en janvier.

Les marchés se tiennent à Falaise les *mercredis* et les *samedis*. Ceux du *samedi* sont les plus forts. La halle de ce marché est surtout bien plus considerable que celle du *mercredi*.

Les marchés d'Ouilly-le-Basset ont lieu tous les *lundis*, ceux d'Harcourt tous les *mardis*, ceux du Boishalbout tous les *vendredis*. Il y a comme nous l'avons déja fait observer ailleurs, halle assez suivie aux deux premiers, et halle à-peu-près nulle au dernier de ces marchés.

A Clécy, à Bretteville-sur-Laise, à St.-Sylvain, il n'y a ni marché ni halle. Mais, tous les *dimanches* matin, il s'y ti it ce que l'on nomme un *crochet*, pour la viande de boucherie et la vente de quelques menues provisions et merceries..

Pour satisfaire à plusieurs demandes, nous allons publier le tableau des objets assujettis aux droits d'entrée à l'octroi de Falaise, avec les prix du tarif. Ce qui n'est pas bien connu inspire toujours quelque defiance. Pour les employés aussi bien que pour le contribuable, il est important que l'on connaisse exactement ce qui est dû et ce qui peut être contesté.

TARIF.

BOISSONS.

Vins en cercles et en bouteilles. L'hectolitre. (1)		1	80
Alcool pur contenu dans les eaux-de-vie et esprits en cercles ; eaux-de-vie et esprits en bouteilles ; liqueurs en cercles et en bouteilles et fruits à l'eau-de-vie.	*Idem.*	6	«
Bière.	*Idem.*	3	«
Cidres et Poirés.	*Idem.*	«	60
Fruits à cidre et à poiré, réduits aux deux cinquièmes.	*Idem.*	«	24

COMESTIBLES.

Bœufs.	Par tête. (1)	16	«
Vaches.	*Idem.*	12	«

---

(1) Les quantités au-dessus et au-dessous de l'hectolitre paieront le droit proportionnel. Pour la perception, la bouteille commune sera considerée comme litre.

Les boissons que l'on tenterait de soustraire aux droits, en les déclarant impotables, pourront être vinaigrées par les préposés, aux frais des porteurs ou conducteurs.

(2) Les bestiaux divisés par moitié ou quarts paie-

Veaux.	*Idem.*	2	«
Moutons, Agneaux et Chèvres.	*Idem.*	1	«
Porcs.	*Idem.*	5	«
Cochons de lait.	*Idem.*	«	50
Viande dépecée de toute espèce.	Le kilog.	«	10
Poisson frais de toute espèce ; morue salée, coquillages (moulettes exceptées).	*Idem.*	«	o5
Poissons salés de toute espèce (excepté la morue, ci-dessus taxée, et le stockfiche).	Le myriagr.	»	o5
Huîtres à l'écaille.	Le cent.	»	15

COMBUSTIBLES.

Bois à brûler.	Le stère.	»	60
Idem.	Charge de cheval.	»	10
Fagots.	Le cent.	3	«
Grandes Bourrées de bois.	*Idem.*	2	«
Petites Bourrées de broussailles, genêt, ronces, bruyères et joncs marins.	*Idem.*	1	«
Grandes et petites Gaulettes.	Paquet de 52.	»	o5
Charbon de bois.	l'hectol.	«	20
Charbon de terre.	*Idem.*	«	3o
Chandelle venant du dehors.	Le kilog.	»	o5
Bougie de table venant également du dehors.	*Idem.*	«	20

FOURRAGES.

Fourrages secs de toute espèce, à l'exception des pailles. (1)	Le myriag.	«	o4

---

rout dans la proportion du droit par tête ; au-dessous, ils acquitteront au poids, comme viande depecée.

(1) Les fourrages non convertis en foin et les herbes non fanées ne sont pas assujetties à l'octroi.

Les fourrages en vert de toute es-
pèce sont exceptés des droits.

MATÉRIAUX.

Gros Bois merrain.	Le mètre cube.	2	60
Planches de tout bois et Bois fa- çonné de toute espèce.	*Idem.*	2	60
Idem.	Charge de cheval de somme.	«	60
Lattes.	Paquet de 50.	«	05
Tuiles, Briques, Pavés cuits et Ardoises.	Le mille.	2	«
Pierres de taille brutes.	Mètre cube.	«	60
Pierres de tailles façonnées.	*Idem.*	1	«
Moëllons.	Charrette à 4 col. et à raison de 5 c. par collier. (1)	«	20
Chaux, excepté celle destinée à l'engrais des terres.	L'hectol.	«	20
Pallettes, Cercles et Douvelles.	Char. à 4 coll.	4	80
Idem.	Charge de che- val de somme.	«	50

IMPÔTS COMPARÉS AVANT 1789 ET EN 1835.

Passons à quelques rapprochemens entre les objets
de nos jours et ceux du temps passé.

On a l'idée, en général, que les impôts sont bien
plus onéreux aujourd'hui qu'ils ne l'étaient autrefois.
On regarde même cet accroissement prétendu comme
une conséquence de l'excedent de valeur qu'ont acquis les propriétés territoriales et de l'importance
des revenus plus considérables que l'on en retire

---

(1) Les charrettes attelées d'un plus ou moins
grand nombre de chevaux, paieront à raison de 50 c.
par collier.

Idem à raison d'un franc 20 cent. par collier.

depuis quelques années. A cette occasion, un de nos associes, un homme éminent par sa position sociale et par les fonctions qu'il remplit, nous a communiqué un document qui tend à ramener l'opinion publique égarée, selon lui, sur ce point. Il veut prouver, par les rapprochemens et les calculs qu'il nous offre, que même *chiffre pour chiffre*, independamment de toute variation dans la valeur réelle de l'argent, le taux actuel de l'impôt pour un de nos villages est encore au-dessous de ce qu'il était il y a 46 ans. Nous donnons ce travail avec plaisir. Il est bon que l'esprit public soit fixé sur cet etat de choses qui prouve à quel point nous avons gagne de toutes manières aux changemens qui se sont opérés depuis que tous ces biens ont été soumis à la même repartition, depuis que tous les Français ont joui des mêmes droits et contribué aux mêmes charges.

Les détails ci-dessous sont tirés de pièces authentiques, déposées aux archives de la commune de St.-Lambert, canton d'Harcourt.

Le 11 octobre 1788, la taille et les impôts accessoires de la commune furent ainsi arrêtes par les commissaires du roi pour 1789.

Contribution dans le principal de la taille.	1990 liv.		
Contribution dans les impositions accessoires.	1306		
Part de la capitation taillable.	1267		
Sols pour livre pour la collecte de la taille.	99	10 s.	
Droit pour la collecte des imp. access. et de la capit.	42	17 s.	
Droits de quittance.	2		8 d.
TOTAL.	4,707 liv.	7 s.	8 d.

Il faut joindre à cela *le cinquième* de tous les produits de la commune qui était enlevé par deux gros décimateurs, l'abbaye de Fontenay, qui dixmait les gros grains, et le curé, qui dixmait les verdages, etc.

Il faut y joindre les *redevances seigneuriales* qui consistaient ordinairement en une rente en avoine.

Il faut y ajouter l'assujettissement de tous les fonds à la *banalite de la Landelle*, qui entraînait l'obligation de curer le bief, de réparer l'écluse, d'apporter les gros matériaux pour les réparations des moulins.

Il faut y ajouter enfin la dévastation des semailles et récoltes, des sarrasins surtout, la principale ressource du pays, par une multitude de *pigeons*, protégés par des lois très-sévères.

Toutes ces charges ne peuvent être appréciées à moins de 1,200 livres pour les 800 acres de la commune.

Ce qui porte la masse de l'impôt, en 1789, à 5,907 liv. 7 s. 8 deniers.

Voici maintenant le relevé de la matrice générale des contributions directes de la même commune de St.-Lambert, pour 1835 :

Foncier.	3,496 fr. 40 cent.
Portes et fenêtres.	415 fr. 03 cent.
Cotte personnelle et mobilière.	1,125 fr. 50 cent.
Patentes.	20 fr. 71 cent.
Cinquième pour frais d'avertissement.	16 fr. 65 cent.
TOTAL.	5,074 fr. 29 cent.

Ainsi l'on payait, en 1789	5,907 liv. 7 s. 8 d.
On paie, en 1835.	5,074 fr. 29 cent.

La différence, payée en moins de nos jours, est donc de 833 liv. 1 s. 8 deniers;

C'est-à-dire d'un septième, en moins, de ce que l'on payait, il y a 46 ans, au moment où éclata la révolution.

Afin de donner une idée de ce qu'il y avait d'oné-reux dans le seul impôt connu sous le nom de *rede-vances seigneuriales*, l'honorable fonctionnaire auquel nous devons ces renseignemens nous offre un relevé de ce que payaient annuellement *au seigneur*, pour 90 acres de fonds de terre, les sieurs Thomas et Jean Leneveu, frères, fils de Jean, suivant pièces authentiques, étant encore dans leurs mains :

En argent.	16 liv. 11 s. 8 d.
78 boiss. d'avoine, à 1 L. 10 s.	117 liv.
60 œufs, à 6 deniers.	1 liv. 10 s.
3 poulets, à 6 s.	1 liv. 4 s.
4 gelines, à 1 liv. 5 s.	5 liv.
4 chapons, à 2 liv. 10 s.	10 liv.
	151 liv. 5 s. 8 d.

Les habitans d'une petite paroisse, grévée, il y a près d'un demi-siècle, de charges si onéreuses, ne pouvaient manquer d'être livrés à une grande misère, au dénuement même. « Aujourd'hui, du moins, « disent-ils, en travaillant nous pouvons vivre et « même améliorer notre position. Nos alimens sont « meilleurs. Nous avons remplacé les *sabots billots*, le « bonnet de laine rouge et la blouse écrue, par les « souliers, le chapeau et la blouse bleue. Le bon temps « est le temps present. »

SORCELLERIE DANS NOS CAMPAGNES.

On commence à ne plus ajouter une très-grande foi aux sorciers. Cependant sur beaucoup de points il est encore des esprits faibles qui ne peuvent se défendre de recourir à eux. Qu'un de leurs troupeaux soit atteint de maladie, ils iront au sorcier avant même de s'adresser au vétérinaire. En vain la justice a réprimé le genre d'escroquerie exploité par les pretendus sorciers ; ils agissent plus mystérieusement ; mais ils n'ont point renoncé encore à exploiter les hommes faibles. « Qu'une vacherie soit prise de mal chez tel fermier, dit M. Lecellier, dans un petit écrit lu à l'*Association* , vite on se rend à Ha-mars, commune de Sapience, où se trouvent les de-vins par excellence. Le magicien arrive et fait jouer tous les ressorts de son grand art. D'abord il fait mettre un linge blanc sur une table, deux flambeaux allumés, de l'eau bénite, (confondant le sacré avec le profane); il demande ensuite une poule noire, il lui tourne le bec vers' l'Orient, et prononce quelques mots qu'il ne comprend pas plus que les assistans. On l'écoute et il annonce alors que ceux qui ont commis le maléfice mourront (le grand prophète!); ou que la vacherie sera sauvée si on la change de local (conseil au moins qui a son mérite). Alors il demande quelque pièce d'argent ou même d'or pour conjurer les esprits, et il s'en va avec cette contribution. Si les vaches meurent, on se console en songeant que le jeteur de sorts mourra aussi. Si les vaches sont sauvées, on en rapporte tout l'hon-neur au devin qui a vu si juste. »

Il y a six ans, une sorcière, à Épanay, village voisin de la ville, promettait un mari aux jeunes filles qui lui apportaient de la fleur de farine, du beurre bien frais et des œufs dont elle faisait d'ex-cellens gâteaux que l'on mangeait à son logis. Elle n'exigeait qu'une chose, c'est que le tout lui fût remis en secret et sans que les mères en sussent rien. Durant six mois, durant un an, la vogue fut grande chez elle. Mais enfin, les mères connurent le mystère, elles surent d'où provenaient quelques larcins trop fré-quens qui leur etaient faits et elles s'adressèrent aux magistrats. Les débats eurent de l'intérêt. Un certain nombre de jeunes filles vinrent en rougissant avouer qu'elles avaient dérobé les petites provisions du mé-nage paternel pour se rendre la vieille favorable et pour en obtenir.... des maris. La plupart attendaient encore le résultat des promesses. La vieille fut punie et les maris sont venus depuis comme ils ont pu.

Les bergers, sur quelques points, passent aussi pour être sorciers. Bien des gens les redoutent comme lisant dans les astres et comme ayant commerce avec les esprits. Il y a sept ans, on vint dénoncer à un membre du parquet le berger Mabire, de Potigny, qui usait, disait-on, de maléfices pour nuire à ses voisins. Les plaignans prétendaient qu'il empêchait leurs poules de pondre, qu'il faisait avorter leurs vaches, et que les brebis étouffaient leurs agneaux quand il approchait de leurs bergeries la nuit. C'etait du reste au moyen de *livres* mysterieux et de paroles magiques prises dans ces *livres*, que Mabire devait causer tous ces désastres. Il fut mandé devant le magistrat, qui ne trouva rien de sorcier chez lui et qui apprit même avec étonnement qu'il n'avait jamais su *lire*, qu'il n'avait jamais eu un *livre* en sa possession. Mais la prévention était contre lui, et quelques mots indiscrets l'avaient rendu suspect. On allait même jusqu'a l'accuser d'avoir ensorcelé une jeune fille de 15 ans, qui n'avait pu être guérie que par *le médecin de Bayeux*, autre sorcier plus puissant. Voilà quels sont chez nous les derniers restes de ces prejuges que nos jeunes instituteurs sont spécialement appeles à faire disparaître. Nous les notons pour les rendre ridicules. Ils n'ont plus de danger, mais il ne faut pas qu'on les puisse citer encore sérieusement dans nos campagnes. Il faut que les hommes de progrès les detruisent par tous les moyens qui peuvent être à leur disposition.

CONFÉRENCES ENTRE DES BERGERS.

Au lieu de ces pasteurs ignorans et souvent mal intentionnés que nos pères accusaient de sorcellerie, nous cherchons à former, nous, une classe de bergers eclairés et marchant sur la même ligne que tous les hommes qui savent se rendre utiles par leurs services et leurs travaux. Nos bergers sont des praticiens éclaires. Ils recherchent quelles sont les meilleures espèces de moutons et quelle nourriture, quel régime leur conviennent le mieux. Ils ne se bornent pas à l'observer pour eux-mêmes, ils l'écrivent ou le font écrire. Ainsi leur art fait des progrès. Jean-Jacques et Rivière se sont surtout signalés chez nous, cette année, dans ce genre. Après avoir adressé leurs observations à l'*Association*, comme il y avait désaccord entre eux sur plusieurs points, on les a appelés pour répondre à un programme de questions qui leur a été présenté. Ils l'ont fait avec assurance et intelligence. Ils ne se sont point trouvés déplacés parmi nos agriculteurs et nos industriels les plus avancés. Aussi leur a-t-on tenu compte de leur mérite. On les a félicités, encouragés. L'art du berger a été placé au même rang que les autres dans nos assemblées. C'est là un bel exemple donné par l'*Association*. Il éveillera infailliblement l'émulation parmi toutes nos classes de citoyens utiles.

PLAN GÉOGRAPHIQUE DE L'ARRONDISSEMENT.

M. Guesnon, libraire, a établi une presse lithographique, à Falaise, il y a deux ans. C'est un service qu'il a rendu au pays. Cette presse est utile au commerce et aux particuliers pour différentes impressions courantes que l'on faisait faire au-dehors. Elle a servi, de plus, à la publication d'une série de *cahiers manuscrits*, à l'usage des écoles primaires de cet arrondissement, et à l'exécution de quelques dessins lithographiés pour les *mémoires* de nos sociétés savantes. Le succès de son établissement porte M. Guesnon à l'occroître. Il vient d'acquérir une nouvelle presse, plus grande que la première, au moyen de laquelle il va faire tirer, à Falaise, d'ici à trois mois, le beau *plan géographique* de l'arrondisement, auquel M. Léon Renault travaille depuis deux ans. C'est le travail le plus étendu, le plus important en ce genre qui existe dans le Calvados. Il sera mis en vente avant le premier août. Nous nous plaisons à le recommander à l'avance, parce que nous en avons vu l'épreuve et que nous savons avec quel soin il a été exécuté.

PLAN GÉOGRAPHIQUE DE JORT.

Nos instituteurs ont un moyen de rendre service à leurs localités en même temps qu'ils se formeraient à un genre de travail très-profitable pour eux: ils feraient bien de s'exercer à lever des *plans géographiques* de leurs communes, non en copiant les feuilles du cadastre, la plupart déjà inexactes ou du moins incomplètes, mais en offrant avec détails un relevé exact de l'état actuel des lieux, et en notant tout ce qui pourrait y être signalé soit comme objet d'art, soit comme souvenir historique, soit comme singularité naturelle digne de quelque attention. Un essai de ce genre a été fait par M. Morel, instituteur, à Jort. Le plan qu'il a levé de sa commune a été offert par lui à l'*Association*, qui l'a fait déposer dans la salle du *Musée* de l'hôtel-de-ville. Cet exemple doit être cité et doit trouver des imitateurs. On pourra lever peut-être des plans plus parfaits que celui de M. Morel ; mais il aura toujours le mérite d'avoir exécuté le premier un de ces utiles essais. L'*Association* pourrait faire lithographier plus tard ceux de ces plans qui seraient susceptibles d'être donnés pour modèles.

ESSAIS DE BLÉS NOUVEAUX.

M. Bouquerel, ancien notaire et maire à Bretteville-sur-Laise, a fait, en 1835, sur sa terre de Biéville, près Caen, l'essai des diverses variétés de blés et d'avoines nouvelles recommandées depuis quelques années par nos premiers agronomes français. Nous avons vu les grains qu'il en a obtenus et ces essais nous semblent devoir être encouragés et multiplies. Parmi les blés les plus remarquables nous citerons le blé géant, le blé de Ste.-Hélène, le blé de Tagan-

rok, deux espèces de blé poulard , etc. Nous savons
que des membres de l'*Association* ont semé, cette année, des mêmes blés et qu'ils se proposent de publier leurs observations. Nous les signalerons l'année
prochaine avec empressement. Les variétes semées
par M. Bouquerel provenaient de l'institut de Coetbo,
d'où les avait rapportées le jeune Bouquerel, de Falaise, son neveu, qui a passé deux années, comme
élève dans l'établissement. Nous avons vu aussi, cette
année, quelques beaux sillons de blé de Ste.-Helène,
chez M. de Dampierre, à Bray-la-Campagne.

ACQUISITION D'UNE CHARRUE-ROSÉ.

L'*Association* n'a point encore essayé d'établir un
concours de charrues. Elle sait qu'on ne peut impro-
viser une institution annuelle de ce genre. Il faut y
préparer les cultivateurs par des essais partiels. Il serait imprudent, il serait contraire aux progrès de
ménager une défaite aux instrumens nouveaux en les
jetant étourdiment en lutte, dans des mains inha
biles, avec les vieux instrumens du pays, conduits
par des praticiens qui en ont usé toute leur vie.
L'*Association* tient à introduire parmi nous, par degrés, les instrumens perfectionnés; mais elle le fera
avec mesure et intelligence. Elle vient d'acheter une
charrue-Rosé du plus fort modèle. Elle la met à la disposition de tous ceux de ses membres qui voudront
en user. Elle acquierra plus tard des charrues plus
légères et d'autres instrumens divers. Ils seront de
même livrés successivement à ceux des associés qui
les réclameront. Puis quand ces instrumens seront une
fois bien connus, bien appréciés, on pourra voir alors
à les mettre en jeu devant le public. On ne sera
pas exposé à les y produire avec désavantage. Le progrès en ce genre , pour être sûr, doit être lent.
Ne brusquons rien; on pourrait tout compromettre.
·Tout cultivateur, membre de l'*Association*, peut ré-
clamer la *charrue-Rosé* pendant une semaine, c'est-à-
dire d'un samedi à un autre.

INSTALLATION D'INSTITUTEURS.

M. Travers, principal du collége et vice-président du comité supérieur d'instruction primaire, a bien voulu installer tous les instituteurs nommés depuis la loi du 28 juin 1833. M. Travers s'est acquitté de ce devoir avec zèle, et il en a profité pour inspecter soigneusement, en présence du conseil municipal et du comité local, les diverses écoles où il a procédé à des installations. Les rapports qu'il a faits, sur ses tournées, au comité supérieur, ont servi à constater de mieux en mieux chez nous l'état de l'instruction primaire. A l'aide de ces rapports, et avec le travail si complet que M. Ch. Morel, secrétaire du comité supérieur, a publié dans le N°. 4 des *Bulletins de l'Association*, nous savons parfaitement aujourd'hui où en sont nos écoles et ce qu'on peut en attendre pour l'avenir. Forcés de clore cet Annuaire nous allons terminer en donnant la liste des directeurs de ces écoles, hommes que le pays doit connaître et sur lesquels tous les yeux doivent être ouverts avec d'autant plus de sollicitude, qu'il attend d'immenses résultats du progrès de leurs lumières et de la persévérance de leur zèle.

INSTITUTEURS DE L'ARRONDISSEMENT,

Installés au 1.ᵉʳ janvier 1836. (1)

MM.

Hébert (Louis-Germain), à Fourches.
Laverge (Julien-Nicolas), à Beaumais.
Cuvigny (Philippe), aux Moutiers-en-Auge.

---

(1) Ils sont placés dans l'ordre de leur installation.

Vendel (Charles-Julien), à Morteaux.
Butant (Joseph-Grégoire), à Coulibœuf.
Lesassier (Louis-Félix), à Courcy.
Morel (Prosper-Césaire), à Jort.
Madelaine (Robert), à Damblainville.
Lislepré-Dufour, à Eraines.
Poutrel (Théodore-Michel-Jacques), à Martigny.
Lair (Edmond), à Pierrefitte.
Guibert (Jean-Louis), à Bonnœil.
Pagny (Pierre-Auguste), à St.-Germain-Langot.
Boulier (Côme-Magloire), à Fresné-la-Mère.
Mousset (André), à Villy.
Jucquin (Noël-François), à Versainville.
François (Rieul-Abraham), à Villers-Canivet.
Demontigny (Jean-César), à Ussy.
Annais (Louis), à St.-Pierre-Canivet.
Pichard (Alexandre), à Martainville.
Barrette (Jean-Baptiste), à Donnay.
Retout (Jean-François), à Esson.
Basset (Noël), à Meslay.
Bellenger-Vallaunay, à Ouilly-le-Tesson.
Poulain (Philogène-Cyrille), à Magny.
Bisson (Charles Dominique), à Ernes.
Grafft (Charles-Antoine), à Sacy.
Boisséé (Constant-François), à Tournebu.
Coudray (Jean-François), à Acqueville.
Souillu (François-Casimir), à Cesny-Bois-Halbout.
Gouin (Jacques-Adolphe), à Barbery.
Gautier (Pierre), à Thury-Harcourt.
Le Barron (Jacques-Pierre-François), aux Moutiers-en-Cinglais.
Aumont (Paul-Pierre), à Grimbosq.
Falaise (François), à St.-Laurent-de-Condel.
Pagny (Auguste), à Boulon.
Peronne (Jean-Jacq.-Marin), à Fresné-le-Puceux.
Philippart (Jacq.-Franc.), a Bretteville-sur-Laise.
Plet (Joseph-Marie-St.-Ange), a Falaise. (Directeur de l'école mutuelle.)

ELIE (Pierre), à *idem*. (Directeur de l'école des
ouvriers.)
GODEY (Louis-Luc), à *idem*. (Directeur de l'école
primaire supérieure.)

INSTITUTEURS NON INSTALLÉS ,

Mais institués par le Ministre de l'instruction publique.

MM.

DEVAUX (François-Edmond), à Saint-Germain-le-
Vasson.
NATIVEL (Michel), à Urville.
ESNAULT (Jean-Pierre), à St.-Sylvain.
ANNE (Gilles), à St.-Omer.
LOCARD (Jacques-François), à Cauville.
VAUDION (Jacques-Adolphe), à Moulines.
HÉBERT (Louis-Germain), à Fourches.
BOTTET (Pierre-François-Anselme), à St.-Lambert.

JEUNES INSTITUTEURS

Reçus en septembre 1835.

VALETTE, de Croisilles.
GOUIN, jeune, d'Ouilly-le-Tesson.
SAUSSURE, de St.-Pierre-du-Bû.
LENORMAND, de St.-Sylvain.

JEUNES ASPIRANS ,

Reçus à l'Ecole Normale de Caen, en septembre 1835.

GAUTHIER, d'Harcourt.
RAUX, de St.-Sylvain.
GUESNON, jeune, de Bernières.
BALLIÈRE, de Coulibœuf.

Liste

DES MEMBRES DE L'ASSOCIATION

POUR L'ANNÉE 1835.

MM.

Appert-Tiger, négociant, à Falaise.
Ballière, père, marchand de fer, à Falaise.
Baslin , ingénieur des ponts et chaussées , à Falaise.
Basset, marchand de chaux, à Martigny.
Bazire, père, membre du conseil général, a Falaise.
Belcour, cultivateur et maire, à Ifs-sur-Laison.
Bellenger, notaire, à Clécy.
Bellenger, membre du conseil d'arrondissement et
     maire à St-Bénin.
Bisson, instituteur, à Ernes.
Boissée, instituteur, à Tournebu.
Boscher, instituteur, à Crocy.
Boscher-Moulin', fabricant de bonneterie, à Guibray.
Bouquerel, jeune, négociant à Falaise.
De Brébisson , secrétaire de la *Société académique*,
     de Falaise.
Briquet, maire, à Falaise.
Burdelot , directeur des contributions indirectes ,
     à Falaise.
Busnel, jardinier et cultivateur, à Aubigny.
Calimas , maire, à Tassilly.
Champin, cultivateur et maire, à St.-Sylvain.
Chapron, médecin, à Harcourt.

Charpentier, aîné, tanneur, à Falaise.
Choisy, professeur et bibliothécaire-adjoint, à Falaise.
Coffin, banquier, à Falaise.
Collin-Forget, fabricant de bonneterie, à Guibray.
Courseule-Collin, fabricant de bonneterie, à Guibray.
Collombel, sous-préfet, à Falaise.
Cordier, cultivateur et maire, à Morteaux.
Cornet, instituteur, à la Hoguette.
Costain, docteur médecin, à Montmartre.
Coulibœuf, aîné, filateur, à Falaise.
Crespin, instituteur, à Pertheville.
Cuvigny, instituteur, aux Moutiers-en-Auge.
Daniel, homme de loi, à Falaise.
Danin, fabricant de bonneterie, à Guibray.
Davois, Fréderic, fabricant de bonneterie, à Guibray.
Davois-Goutier, fabricant de bonneterie, à Guibray.
David, Pierre, ancien consul-général, président de
la *Société académique*, à Falaise.
Decour, César, tanneur, à Falaise.
Decour, aîné, préfet des Pyrénées-Orientales, à
Tarbes.
Delange, médecin, à Falaise.
Desvaux, Adolphe, horticulteur, à Falaise.
Dubois, juge de paix, membre du conseil-général,
à Harcourt.
Dudouit, Pierre, cultivateur, à Eraines.
Dujardin, propriétaire, à Falaise.
Dumesnil, Gustave, vérificateur de l'enregistrement,
a Falaise.
Fleury, député, membre du conseil-général et maire,
à Villy.
Fleury-Leroux, fabricant de bonneterie, à Guibray.
Forget, régent de rhétorique, à Falaise.
Foulon-Grandchamps, ancien chef de bataillon, à
Falaise.
Franqueville (de), membre du conseil d'arrondis-
sement, à Tournebû.
Fromage, fils, fabricant de retors, à Falaise.

Galais, avoué, à Falaise.

Galeron, procureur du roi, à Falaise.

Galeron, Ovide, étudiant, à Caen.

Garnier, père, horloger, à Falaise.

Gauthier, instituteur, à Harcourt.

Gauthier-Dumont, fabricant de bonneterie, à Falaise.

Gauthier-Lamarre, fabricant de bonneterie, a Guibray.

Godey, directeur de l'école primaire supérieure, à Falaise.

Gondon-Dudouit, fabricant de bonneterie, à Guibray.

Gouin, instituteur, à Barbery.

Graffet, instituteur, à Sacy.

Grachard, juge de paix, à Coulibœuf.

Gravelle-Desvallées, notaire, à Falaise.

Grosset-Desruisseaux, juge au tribunal de commerce, à Falaise.

Grusse, Alexandre, cultivateur, à Tournebû.

Guesnon, père, maire, à Bernières.

Guesnon, imprimeur-lithographe, à Falaise.

Guesnon, instituteur, à Planches.

Guillaume, cultivateur et maire, à Versainville.

Guillemin-Dudouit, fab. de bonneterie, à Guibray.

Hébert, instituteur, à Fourches.

Heuzé, avocat, à Falaise.

Huet, pépiniériste et maire, à Ussy.

Huet-Després, huissier, à Falaise.

James-Appert, fabricant de bonneterie, à Guibray.

Jardin-Letourneur, juge au tribunal de commerce, à Falaise.

Jouve, mécanicien, à Guibray.

Jucquin, instituteur, à Versainville.

Lafontaine, percepteur, à Condé-sur-Laison.

Lalande, pharmacien, à Falaise.

Lavallée-Cornet, propriétaire et ancien notaire, à Ouilly-le-Basset.

Leboulanger, filateur, à Damblainville.

Leboucq, cultivateur et adjoint, à St.-Germain-L.

Lebaillif, fils, filateur, à Falaise.

Lebrethon, juge de paix et cultivateur, à Cintheaux.

Lecellier, père, cultivateur et maire, à St.-Germain-Langot.

Lecellier, fils, cultivateur, à St.-Germain-Langot.

Lecouturier, père, ancien magistrat, a Falaise.

Léger, Ch., principal clerc de notaire, à Falaise.

Lefort, cultivateur et adjoint, à St.-Pierre-du-Bû.

Lefrère, cultivateur et maire, à St.-Pierre-Canivet.

Lemeneur-Doray, ancien président du tribunal de commerce, à Falaise.

Lepainteur, Mathurin, fabricant de retors, à Falaise.

Lepainteur-Morel, commerçant, à Falaise.

Lesassier, instituteur, à Courcy.

Levavasseur, commissaire-voyer, à Falaise.

Leroux, fabricant de bonneterie, à Falaise.

Levrard, propriétaire, à Falaise.

Lucas, cultivateur et maire, à Crocy.

Maheut-Chardin, marchand et entrepreneur de roulage, à Falaise.

Marchand, Auguste, propriétaire, à Laigle.

Marie, maire, à St.-Pierre-du-Bû.

Marguerit-Lamare, cultivateur, à Vaton.

Morel, instituteur, à Jort.

Morel, Charles, juge de paix, secrétaire du comité supérieur d'instruction primaire, à Falaise.

Morel-Boulay, fabricant de bonneterie, à Falaise.

Mousset, instituteur, à Villy.

Noblet, père, cultivateur, à Guibray.

Pagny, membre du conseil d'arrondissement et maire, a Mézières.

Pagny, membre du conseil d'arrondissement, et huissier, à Bretteville-sur-Laise.

Pagny, instituteur, à St.-Germain-Langot.

Pagny, instituteur, à Boulon.

Planquette, Louis, propriétaire, à Falaise.

Pellerin, médecin et propriétaire, a Cintheaux.

Piquentin-Laroche, marchand de bois, à Falaise.

Plet, Saint-Ange, directeur de l'école mutuelle, à Falaise.

Poisson, maire, à Ouilly-le-Basset.
Philippard, instituteur, à Bretteville-sur-Laise.
Poutrel, instituteur, à Martigny.
Prodhomme, cultivateur et maire, à Ouilly-le-Tesson.
Racine, fils, fabricant de bonneterie, à Guibray.
Renault, substitut, à Falaise.
Rioult, maire, à St.-Martin-du-Bû.
Robine, marchand de fer, à Falaise.
Roger, l'aîné, fabricant de bonneterie, à Guibray.
Roger-Bellivet, mécanicien, à Falaise.
Roger-Lépinay, fabricant de bonneterie, à Falaise.
Roger-Tumbœuf, fabricant de bonneterie, à Guibray.
Rosel, Aimé, cultivateur, à Vaton.
Roussel, maire, à Eraines.
Ruault, cultivateur et maire, à Bons.
Sereuil, maire et cultivateur, à Ners.
Sevin, fils, propriétaire, à Falaise.
Sionneau-Appert, fabricant de bonneterie, à Guibray.
Taillet, cultivateur, à Eraines.
Thibout, maire et cultivateur, à Martigny.
Travers, principal du collége de Falaise.
Vallaunay, instituteur, à Ouilly-le-Tesson.

FIN.

FALAISE, IMPRIMERIE DE BRÉE L'AÎNÉ.

TABLE DES MATIÈRES.

Le prix de l'*Annuaire de l'arrondissement de Falaise* est de 30 centimes.

Les personnes qui désirent faire partie de l'*Association* sont invitées à adresser leur adhesion à M. Galeron, secretaire, ou à M Forget, vice-secretaire.

Celles qui desireraient communiquer quelqu'observation ou quelque fait important, pour étre inserés dans l'*Annuaire* de 1837, sont invitées à les adresser au secrétaire ou au vice-secretaire, avant le Ier *decembre* prochain.